AF568274

ars vivendi

Mit Kompass und Korsett

Reisende Entdeckerinnen

Bärbel Arenz
Gisela Lipsky

ars vivendi

1. Auflage dieser Ausgabe 2022

www.arsvivendi.com

Lektorat: Dr. Hanna Stegbauer, Ramona Jäger
Typografie und Ausstattung: Heike Murolo
Druck: impress, Mönchengaldbach
Printed in the EU

ISBN 978-3-7472-0355-2

Wie es den Maler drängt, ein Bild zu malen, den Dichter, seine Gedanken auszusprechen, so drängt es mich, die Welt zu sehen.

Ida Pfeiffer, 1850

Inhalt

Italienische Nächte · **Elisa von der Recke** 10

Prophetin des Libanon · **Lady Hester Stanhope** 18

Unter Kopfjägern und Kannibalen · **Ida Pfeiffer** 28

Ein Schatz von Erinnerungen · **Ida von Hahn-Hahn** 40

Ein Künstlerleben · **Lise Cristiani** 50

Rosskur im Wilden Westen · **Isabella Lucy Bird Bishop** 58

Zu Füßen der Götter · **Amelia Edwards** 68

Tochter des Sultans · **Alexandrine Tinne** 78

Bibi Bwana auf Safari · **May French Sheldon** 90

Immer und überall tätig · **Lina Bögli** 100

Unterwegs im Auftrag des Herrn · **Kate Marsden** 108

Hüterin der Aborigines · **Daisy Bates** 118

Ruf der Tropen · **Mary Kingsley** 128

Eine Lampe der Weisheit · **Alexandra David-Néel** 136

Im Bann der Wüste · **Gertrude Bell** 146

Eine maghrebinische Liebe · **Isabelle Eberhardt** 156

Vorwort

Mutige Frauen, unkonventionelle Frauen, selbständige Frauen, die sich von nichts aufhalten ließen: Weltreisen und Entdeckerfahrten schienen lange Zeit den Männern vorbehalten, doch immer wieder haben herausragende weibliche Persönlichkeiten bewiesen, dass auch »mit Kompass und Korsett« jeder Weg zu bewältigen ist.

Nicht wenige von ihnen haben wesentliche Beiträge zur modernen Geographie, Biologie und Ethnologie geliefert. Eine der ersten war die Naturforscherin und Künstlerin Maria Sibylla Merian, die schon im Jahr 1699 mit ihrer Tochter nach Surinam reiste, um die unbekannte Tier- und Pflanzenwelt der Tropen zu erforschen.

In ihrem Gefolge haben sich die unterschiedlichsten Frauen aufgemacht, die Welt zu entdecken – zu Zeiten, in denen das Reisen schwierig und Frauen der Vormundschaft ihres Vaters oder Gatten unterstellt waren.

Unsere Auswahl stellt 16 Abenteurerinnen aus aller Herren Länder vor, die sich aus eigenem Antrieb, auf eigene Faust auf die Reise machten. Mitreisende Gattinnen ließen wir außen vor. Weil wir die Damen selbst zu Wort kommen lassen wollten, war es uns wichtig, dass sie ihre Erlebnisse in Büchern und Briefen festgehalten hatten oder, wie die skandalumwitterte Lady Hester Stanhope, einen Ghostwriter hatten. Unter ihnen sind reiche Erbinnen wie Alexandrine Tinne, die große Karawanen zusammenstellten, aber auch mittellose Frauen wie die Wienerin Ida Pfeiffer, die »wie der ärmste Araber« reiste. Über manche wurde viel geschrieben, andere sind kaum bekannt. Gemeinsam ist ihnen die ansteckende Begeisterung für das Unterwegssein, die Überwindung von Grenzen.

Als Forschungsreisende waren sie ihrer Zeit voraus, zugleich aber Kinder ihrer Zeit. Das zeigt sich in manchem Urteil, das sich mittlerweile längst als Vorurteil erwiesen hat, ist den Damen aber auch anzusehen: Im tiefsten Dschungel oder auf dem Dach der Welt, im australischen Outback, bei den Kopfjägern auf Borneo oder den Leprakranken in Sibirien waren sie stets korrekt und züchtig gekleidet.

So emanzipiert sie uns heute übrigens erscheinen, die frühen Reisenden empfanden sich keineswegs als Vorkämpferinnen. Im Gegenteil, sie hatten meist keine allzu hohe Meinung von ihren weniger couragierten Geschlechtsgenossinnen. So galt die Politikerin Gertrude Bell als vehemente Gegnerin des Frauenstimmrechts, und Hester Stanhope hatte sogar eine Abneigung gegen weibliche Gesellschaft. Bemerkenswert oft gab es Brüche im Lebenslauf dieser Ausnahme-Frauen, die ihren Lebensweg womöglich beeinflussten. In jedem Fall nötigen ihre spannenden Lebensgeschichten uns Zuneigung, Bewunderung und Respekt ab, vielleicht werden sie sogar zum Anstoß, künftig ein wenig mehr zu wagen – die nächste Reise kommt bestimmt!

Bärbel Arenz, Gisela Lipsky

Italienische Nächte

Elisa von der Recke (1754-1833)

Deutsch-baltische Dichterin und Schriftstellerin

Ach, Italien! »Kennst du das Land, wo die Zitronen blühn, im dunkeln Laub die Goldorangen glühn«, schreibt Johann Wolfgang von Goethe am Ende des 18. Jahrhunderts und fasst damit die Sehnsucht seiner Zeitgenossen nach dem Süden, nach dem Land der Kunst, des Lichts und des sorglosen Lebens in Worte. Venedig mit seinen Wasserstraßen, Rom, die ewige Stadt, die allgegenwärtigen Spuren der Antike, die Sonne, das Meer und das Dolce Vita ziehen Maler und Dichter magisch an.

Scharenweise pilgern sie zu jener Zeit über die Alpen. Die große Tour gehört in Künstlerkreisen fast schon zum guten Ton, obwohl die Reise langwierig, kostspielig und nicht ungefährlich ist. Man muss jederzeit mit Straßenräubern rechnen, die Straßen sind oft in miserablem Zustand und verursachen bei den Kutschen Achsbrüche und andere Unfälle.

Normale Menschen tun sich so etwas nicht an, sie können es sich auch gar nicht leisten. Und Frauen schon gleich zweimal nicht. Selbst fortschrittliche Denker vertreten die Ansicht, die »holde Weiblichkeit« sei nicht für Wanderstab und strapaziöse Kutschfahrten geschaffen.

Charlotte Elisabeth Konstanze, genannt Elisa von der Recke, kümmert es jedoch nicht, was als normal gilt – die baltische Gräfin führt ein ungemein selbständiges Leben. Nach einer frühen, unglücklichen Ehe reicht sie mit 27 Jahren die Scheidung ein und denkt trotz zahlreicher Anträge nicht daran, wieder zu heiraten. Sie reist durch Deutschland und Dänemark, nach Polen und Sankt Petersburg, schreibt über Gott und die Welt – und wagt es, offen von Italien zu träumen. Im Jahr 1804, mit 50 Jahren, kann sie sich die ersehnte Reise endlich leisten. Elisa bleibt gleich zwei Jahre lang und schreibt über ihre Erlebnisse. Allein die Zeit in Rom nimmt einen ganzen Band ihrer Tagebücher ein. Je länger sie bleibt, desto entspannter wird die Reisende:

Eine heitere, bedeutungsvolle Umgebung ist fähig, über das Leben eine gewisse jugendlich frische Farbe zu verbreiten und den Schatten zu mildern, den die dunkle Gewalt der Gegenwart oder das dämmernde Bild der nächsten

Zukunft der Seele zuwerfen mag. Wie oft habe ich dies erfahren! Und am häufigsten ist mir solches in Rom begegnet.

Elisa von der Recke ist eine Frau, von der man spricht. Sie pflegt Kontakte zu fast allen Größen ihrer Zeit – darunter Goethe und Friedrich Schiller, Immanuel Kant, Friedrich Gottlieb Klopstock und Matthias Claudius. Zu ihren Freunden zählen der Komponist Carl Philipp Emanuel Bach und die Maler Johann Heinrich Wilhelm Tischbein und Anton Graff, die sie beide porträtiert haben. Am königlichen Hof in Berlin ist sie ebenso gern gesehen wie am Hof von Warschau. Sie diskutiert mit Theologen und Philosophen, setzt sich mit aktuellen Büchern und Theaterstücken auseinander. Über Goethes 1795 erschienenen Roman *Wilhelm Meisters Lehrjahre* urteilt sie zum Beispiel:

Das weibliche Geschlecht, bis auf die kleine Mignon, ist nach unedlen Originalen kopiert. Die Verachtung, die der Verfasser der ›Iphigenie‹ in diesem Buche über das weibliche Geschlecht zeigt, ist ein Beweis, dass ihm auf der Wanderschaft seines Lebens nur unedle Weiber aufgestoßen sind.

Natürlich, Mignon muss ihr ja gefallen – eine Figur, in der die Sehnsucht nach Italien verkörpert ist! Typisch ist auch, dass Elisa sich über das Frauenbild des Dichterfürsten Gedanken macht. Was politische und gesellschaftliche Themen angeht, ist sie stets auf der Höhe der Zeit, und sie scheut sich auch nicht, ihre Meinung zu äußern. Von einer Reise nach Warschau schreibt sie:

Neben Prunkpalästen stehen elende Strohhütten, mit grünem Moos bewachsen und ohne Fundament, so wie neben den prachtvollsten Equipagen die zerlumptesten Bettler mit verstümmelten Gliedern und Gesichtern in Menge einherwandeln! Schreien hier nicht die Sünden der aristokratischen Republikaner so laut zum Himmel auf, dass der Fremde gleich bei seinem Eintritte in Warschau sich empört fühlt, wenn er neben schwelgerischer Pracht so tiefes Elend sieht? Und muss nicht der Sturz eines Staates erfolgen, sobald der Luxus die Bedürfnisse der Reichen so sehr vermehrt und ihren Charakter verdirbt?

Nicht, dass Elisa die Französische Revolution als Reaktion auf diese Zustände begrüßt hätte. In der Silvesternacht 1789 notiert sie:

> *Ein merkwürdiges, ein trauriges Jahr läuft in wenigen Minuten zu Ende! Paris hat Herrschern und Völkern ein furchtbar belehrendes Beispiel gegeben! Welche Greuel entwickelten sich in Frankreich! … Ich kann von dem Freiheitsschwindel nichts Gutes hoffen.*

Vielmehr tritt die Gräfin, dem Zeitgeist entsprechend, für die von den Fürsten und Adligen ausgehende Aufklärung ein. Als man am Hof von Dessau die Frage stellt, ob sie »für eine monarchische oder republikanische Regierungsform« sei, bekennt Elisa:

> *Auch jetzt komme ich aus einem monarchischen Staate [Dänemark], in welchem ich lieber als in allen mir bekannten Republiken leben möchte. Denn in Dänemark fand ich es auch, dass das Glück aller Stände das Ziel dieser weisen Demokratie ist.*

Literarisch erfüllt die Dichterin ganz die Erwartungen ihres damaligen Publikums. Das Zauberwort ihrer Zeit heißt Empfindsamkeit, und Elisa gehört zu den geübtesten Vertreterinnen des gefühligen Tons. Auch ihre Kindheit beschreibt sie in diesem Stil:

> *Als mutterlose Waise wurde ich seit meinem zweiten Jahr im Hause meiner Großmutter mütterlicher Seite erzogen und von neidischen Verwandten verfolgt. Meine Wärterin war das einzige Wesen, das mir Liebe gab und dadurch mein junges Herz umso mehr an sich zog, je mehr ich mich von anderen Seiten zurückgestoßen fühlte; an ihre Brust schmiegte ich mich, wenn mich in meiner Verlassenheit die Wehmut überfiel, dass ich keine Mutter zu lieben hatte. Erst als mein Vater die dritte Frau heiratete, kam ich als zwölfjähriges Mädchen in mein väterliches Haus. Hier öffnete sich nun mein junges Herz den seligen Freuden kindlicher und geschwisterlicher Liebe. In der Folge kam in meine warme Seele das Ideal der erhabensten Freundschaft.*

Elisa wird 1754 als Tochter des Kammerherrn und späteren Reichsgrafen Johann Friedrich von Medem in Kurland (heute Lettland) geboren. Als ihre Mutter stirbt, nimmt sich die Großmutter der Kleinen an – mit harter Hand und strengem Regiment. In Briefen an ihre Freundin Sophie Stoltz beschreibt Elisa Züchtigungen, die heute als Misshandlung gelten würden. Offen empört ist das wissensdurstige Mädchen darüber, dass die Großmutter nichts von Bildung hält:

Großmama sagt, Weiber werden durch Lesen zu Narren, die Bücher sind nur für Männer gemacht, recht als hätten wir keine Seele, als wären die Weiber nur ein Stück Fleisch.

Zum Glück genießt Elisa später im Haus ihres Vaters eine andere Erziehung. Sie lernt Literatur, Musik und Kunst kennen und lieben, entdeckt ihre Freude am Schreiben und an der Korrespondenz. Mit 17 wird das gefühlvolle Mädchen mit dem 32-jährigen Grundbesitzer Georg von der Recke verheiratet. Eine gute Partie, doch von der Recke, ein Landjunker vom alten Schlag, ist alles andere als ein Schöngeist, geschweige denn ein rücksichtsvoller Gatte und Liebhaber. Mit Kunst und Gefühl kann er nichts anfangen, er sucht eine zupackende Gutsherrin, die ihm Söhne schenkt.

Trotz bester Vorsätze sind die Gegensätze zwischen den beiden nicht zu überbrücken. Elisa ist von ihrem groben Mann traumatisiert und leidet. Das ändert sich auch nicht, als sie nach drei Jahren eine Tochter zur Welt bringt:

> *Der Schmerz, den ich darüber empfand, die Mutter eines Wesens zu sein, das einen solchen Vater hatte, war unaussprechlich; doch durch die Schönheit und holde Liebenswürdigkeit meiner kleinen Friederike ward dies Schmerzgefühl etwas gemildert; aber jedes Mal empfand ich ein krampfhaftes Erschrecken, wenn ich eine entfernte Ähnlichkeit mit dem Vater entdeckte.*

Die Vermittlungsversuche von Verwandten und Freunden scheitern, Elisa verlässt ihren Mann. Ein halbes Jahr nach der Trennung stirbt ihre kleine Tochter. Sie trauert um das Kind und fühlt sich zugleich von Verantwortung befreit: »Das einzige Band, das mich hätte zurückführen können, war gelöst.«

Im Schreiben findet sie Trost und neuen Mut. Für ihr erstes Buch, *Elisens geistliche Gedichte,* legt sie sich den Namen Elisa zu, der ihren bisherigen Rufnamen Charlotte verdrängt. Die nächste Veröffentlichung sorgt dafür, dass dieser Name in ganz Europa bekannt wird: Ihre *Nachricht von des berüchtigten Cagliostro Aufenthalte in Mitau im Jahre 1779 und dessen magischen Operationen* ist eine schonungslose Abrechnung mit dem Hochstapler Alessandro Cagliostro und seinen Machenschaften als Wunderheiler, Wahrsager und Hypnotiseur. In ihrem Buch erzählt Elisa freimütig, wie auch sie zu einem Opfer des »abgefeimten Buben« wird: Cagliostro verspricht ihr, sie zu lehren, im Traum mit ihrem verstorbenen Bruder in Verbindung zu treten. Ein Angebot, mit dem der Hochstapler nur gewinnen kann – gelingt die Verbindung, wäre es sein Verdienst, misslingt sie, hätte Elisa versagt. Nach einiger Zeit durchschaut sie jedoch Cagliostros trickreiches Vorgehen: »Wie schlau wusste er jede Kleinigkeit zu seinem Vorteil zu gebrauchen!« Der Erfolg ihres Werkes bleibt nicht ohne Folgen:

> *Meine Schrift über Cagliostro und Starck gibt mir vor der Hand eine mich drückende Berühmtheit. Es ist jetzt Mode, die Bekanntschaft der Frau zu wünschen, welche den Mut hatte, gegen diese Männer aufzutreten!*

Die »drückende Berühmtheit« hat aber auch Vorteile. Elisa lebt bis dato in »beschränkten Glücksumständen«, wie sie es nennt. Ihre Reisen führen in der Regel zu Freunden und Verwandten, und

wenn sie ihre Schwester, Herzogin Anna Dorothea von Kurland, in die böhmischen Bäder begleitet, ist sie auf deren Unterstützung angewiesen. So schreibt sie im Vorfeld einer Bäderreise:

> *Ich muss wenigstens 1000 Taler Kapital aufnehmen, um die Kosten der Toilette und der Postpferde zu bestreiten; denn freie Wohnung und freien Tisch bot meine Schwester mir an. Ich bin überzeugt, sie würde alle Kosten der Reise übernommen haben, wenn sie nur eine Idee hätte von dem, was man notdürftig braucht; aber die gute Seele hat seit ihrer Kindheit keine Nahrungssorgen gehabt und seit ihrem 19. Jahre so im Überflusse gelebt, dass sie jede Phantasie befriedigen konnte, ohne berechnen zu dürfen, wo das hergenommen werden soll, was sie zu haben und zu geben wünscht.*

Mit der Cagliostro-Schrift ändert sich nun die Lage: Zarin Katharina II. lässt die Schrift ins Russische übersetzen, lädt die Verfasserin nach St. Petersburg ein und überlässt ihr lebenslang die Erträge eines Gutes in Kurland. Damit ist Elisa finanziell unabhängig, und die erträumte Italienreise rückt in greifbare Nähe.

Als Hauptgrund für die Reise nennt die 50-Jährige das gesundheitsfördernde, warme Klima. Natürlich reizt es sie auch, über den Horizont hinauszusehen, Sonne und Landschaft zu genießen – und zu den antiken Stätten zu pilgern, an denen kein Bildungsreisender vorbeikommt. Überwältigt schreibt sie in Venedig:

Wir sind hier in einer Feenwelt! Alles ist uns neu! – Noch ist mir, als stünde ich vor einer Zauberlaterne, kein Bild kann ich festhalten … Die ununterbrochene Lebendigkeit auf dem Wasser ist ebenso neu und überraschend wie die Volksmenge auf den Plätzen. Bettler und geschmückte Herren und Damen, Mönche und Soldaten, Müßiggänger und Geschäftsmänner, liebliche und höchst widrige Gestalten drängen sich hier bunt durcheinander.

Elisa hat keine literarischen Vorbilder für die Form ihres Reisetagebuchs. Sie schreibt, wie sie es gewohnt ist, über ihre Eindrücke von Land und Leuten:

> *Je tiefer ich in Italien hineinkomme, desto mehr verschwinden meine Vorurteile gegen den Charakter dieser Nation, dem man fast durchgängig zu wenig Gerechtigkeit widerfahren lässt … Der Italiener ist heftig, dabei ist ihm eine gewisse Tiefe des Gemüts eigen; daher geschieht es, dass er jahrelang eine Beleidigung im Busen trägt, das Ziel der Rache nicht aus den Augen lässt. Eine bessere Gesetzgebung, eine unverkümmerte Rechtspflege und würdige Religionsbegriffe würden diesem leicht gereizten Volk nach und nach die Dolche aus den Händen winden.*

Bezeichnenderweise widmet sie ihre Aufzeichnungen den »Schwestern, die so wie ich, ohne eigentliche gelehrte Bildung, einen Sinn für das Altertum und dessen Geschichte in der Seele tragen.« Vielleicht

kokettiert sie ein wenig damit, vielleicht ist es auch ein tief empfundenes Versäumnis – jedenfalls fiebert die Reisende dem ersten Blick auf Rom wie ein Backfisch entgegen:

> *Wir sind nur noch eine Poststation von Rom entfernt … Ehe der Tag sich neigt, sehen wir die Stadt der sieben Hügel … Eine halbe Stunde von Baccano erschien unseren Augen die Peterskuppel. Wir fuhren von einer Anhöhe sanft hinab, und die weite stille Campagna um Rom lag vor uns. Die feierliche Einsamkeit der ganzen Umgebung erfüllte mein Gemüt, als ich die hohe Kuppel aus dem Tiber-Tal emporragen sah. Sie war der einzige Punkt, der die Stelle der weltberühmten Stadt bezeichnete.*

Die ewige Stadt enttäuscht Elisa nicht. Auf Schritt und Tritt, bei Stadtspaziergängen oder Ausflügen vor die Tore, fühlt sie sich an »Zeitabschnitte voll merkwürdiger Begebenheiten« erinnert:

> *Rom ist eine große Ruine, die begeisternd von jenen Tagen der Herrlichkeit spricht, welche nicht mehr sind … Rom, einst ein weit leuchtender Vulkan, der seine alles vor sich niederstürzenden Lavaströme in kriegerischem Übermut über die ganze Welt hingoss, ist nun ausgebrannt; und pilgernde Fremdlinge wandern jetzt zu seinem verstummten Krater.*

Die erfahrene Reisende knüpft auch fern von zu Hause rasch Verbindungen. Sie nutzt das Netz der in Rom lebenden Deutschen, geht zu den Treffen in den Salons und schafft sich im Nu einen Zirkel von Gesprächspartnern und Freunden. Ein wenig befremdet stellt sie fest:

> *Die Römer lieben das Vergnügen der Gesellschaft so sehr, dass sie ihm selbst die Lust am Theater unterordnen und dieses zu einem Konversationsort machen. Das Schauspiel auf der Bühne geht seinen Gang für sich und die Unterhaltung in den Logen den ihren.*

Aber den »Vorwurf der Leerheit«, den andere Reisende erheben, will sie so nicht unterschreiben:

> *Ich muss gestehen, dass ich in diesen römischen Abendzirkeln ebensoviel Unterhaltung fand wie in unseren Assembleen. Doch ist mir die Klage der Freunde begreiflich. Die beiden Geschlechter sind hier gewissermaßen getrennt; jede verheiratete Dame hat ihren Cavaliere servente, der sie überall begleitet und beobachtet. Jüngere erscheinen nur höchst selten, denn die meisten werden bis zu ihrer Verheiratung in Klöstern erzogen. Sonach fehlt der Reiz jugendlicher Lebhaftigkeit. Fröhlicher Scherz, der sonst gemischte Kreise beseelt, findet hier keine Stätte.*

Während ihres Aufenthalts kommentiert Elisa wie gewohnt die politischen Ereignisse, beklagt Napoleons Sieg bei Austerlitz und die

»neuen Anmaßungen« des »von den Gärungskräften der französischen Verwirrung emporgetragenen Despoten«. Sie nimmt Anteil an Armut und Elend der Italiener, versucht sich in Ursachenforschung und vermutet sie »in den Ereignissen der neuesten, stürmischen Zeit«:

Eine große Anzahl Klöster, von denen Arme unterstützt wurden, gingen unter. Ferner raubten die Franzosen die päpstlichen Kassen, wo mehrere Familien ihr Vermögen gegen sichere Zinsen untergebracht hatten, die nun also alles verloren. Dieser unerhörte Betrug stürzte eine Menge Menschen in völlige Armut, die sich immer mehr und mehr in öffentliche Bettelei auflösen musste.

Als sie jedoch der klassischen Route nach Süden folgt und die römischen Zirkel hinter sich lässt, beginnt sie sich an den Sehenswürdigkeiten zu freuen, zu leben und zu genießen wie eine unbeschwerte Urlauberin. »Übrigens lässt es sich unter diesem Völkchen, welches so heiter wie sein Himmel ist, recht angenehm fortleben«, schreibt sie auf Ischia. Und wenig später, im August 1805, berichtet sie von einem besonders eindrucksvollen Erlebnis bei Neapel:

Gestern Abend saß ich mit dem berühmten Reisenden Alexander von Humboldt ruhig am Teetisch und war mit ganzer Seele in seinen höchst interessanten Erzählungen, als plötzlich ein Diener mit großer Hast ins Zimmer trat und ausrief: »Der Berg wirft Feuer und steht schon in Flammen!« Das größte Schauspiel der Natur stand in seiner ganzen Herrlichkeit vor meinen Augen und leuchtete furchtbar schön durch die dunkle italienische Nacht.

Auch nach der Italienfahrt bleibt das Reisen Elisas Lebenselixier, bis ins hohe Alter hinein. Die Gräfin ist überall gern gesehen, sie gilt als angenehmer Gast und liebenswerte Freundin. Ihr Leben ist abwechslungsreich, manchmal unstet, dafür reich an Austausch und Begegnungen. Doch es gibt Zeiten, in denen sie ihrem Tagebuch »Gedanken trüber Schwermut« anvertraut:

Was ist das ganze Leben? Ein Kommen und Gehen! Ich verlasse heute eine Gegend, in welcher so manche mir liebe, mir interessante Menschen leben … Guter Gott, gib mir eine Stätte, wo ich im Kreise einiger Freunde still leben kann!

Sie fühlt sich in großer Runde allein und muss erfahren, »dass auch eine anmutsvolle Gegend an Reiz verliert, wenn man unter Menschen ist, zu denen man nicht passt«. Zeitlebens fühlt sie sich hin- und hergerissen zwischen zwei Welten:

Meine Geburt setzt mich leider in den Zirkel der Adligen, der mich drückende Rang meiner Schwester als Herzogin zieht mich an Höfe und in die Kreise der vornehmen Welt. Aber in diesen Zirkeln fühle ich mehrenteils Langeweile und finde ich nur selten Charaktere, die ich hochachten kann. Im aufgeklärten Mittelstande fand ich von jeher meine liebsten und meisten Freunde.

Ein Tagebucheintrag aus dem Jahr 1796 nennt noch einen anderen Grund, weshalb sich Elisa manchmal so verlassen fühlt. Dort fragt sie sich, warum sie es für edel hielt, nicht den Mann zum Gatten zu nehmen, den ihr »Herz im Stillen liebte«.

1778 hat sie einen Heiratsantrag Dietrich von Holteis, Bruder des Schriftstellers Karl von Holtei, abgelehnt. Sie redete sich erfolgreich ein, sie müsse zugunsten einer in ihn verliebten Cousine verzichten. Doch im Nachhinein erhebt sie ihn zum Traummann, mit dem sich kein anderer vergleichen kann. Sobald ihr ein Mann gefährlich wird, beschwört sie die Erinnerung an von Holtei:

Fern von G. [Graf Karl von Geßler] ist meine Seele so voll von seinem Worte, dass mir es scheint, er könne meinem Herzen so lieb als H. werden: und diesen Abend, als er zärtlicher wie gewöhnlich gegen mich war, einige Male meine Hand mit Innigkeit küsste, da wurde mir, als stünde der edle sanfte H. als warnender Genius zwischen mir und G.

Elisa gilt als attraktive Frau, es fehlt ihr nicht an Verehrern, und sie ist einige Male nahe daran, sich ernsthaft zu verlieben, doch jedes Mal schreckt sie im entscheidenden Moment zurück. Nach dem Trauma ihrer Ehe sollen die Männer schön auf Distanz bleiben. Dabei sehnt sie sich insgeheim nach dem Familienglück, das sie bei anderen genießt und bewundert. Die Kinder ihrer Geschwister und Freunde ersetzen ihr eigene; sie hat nicht weniger als 13 Patentöchter.

In späteren Jahren entwickelt sich ihre langjährige Freundschaft mit dem Schriftsteller Christoph August Tiedge zu einer Lebensgemeinschaft, die ihr Bedürfnis nach Nähe stillt, ohne sie in Bedrängnis zu bringen. Tiedge begleitet Elisa auf Reisen, und als sie sich 1818 ein Haus in Dresden einrichtet, zieht er als ihr Gesellschafter ein. Bereits 1804 in Rom empfand Elisa:

Die sichersten Erwerbungen des Lebens sind Freundschaft und Seelenfreiheit! Schon das Ringen nach der letzteren, indem es selbständiger unser besseres Dasein macht, entkräftet jede Außengewalt; und die erstere wirft mitten unter dem Dunkel nächtlicher Verhältnisse einen warmen Sonnenstrahl auf die Stelle, wo wir eben wandeln.

Sie stirbt mit 78 Jahren in Dresden. Vor ihrem Tod hat sie veranlasst, dass Tiedge, mit einer Rente versorgt, die gemeinsame Wohnung behalten kann. Ihre Freunde betrauern sie als »Vorbild in zarter Weiblichkeit, in treuer Freundschaft, in reiner Frömmigkeit« – und das trotz ihrer selbständigen Lebensführung und der undamenhaft vielen Reisen.

G. L.

Prophetin des Libanon

Lady Hester Stanhope
(1776-1839)

Britische Orientreisende

In Somerset erinnern sich die Leute noch daran, wie Lady Hester auf ihrer schwarzen Stute durch Wald und Wiesen galoppierte. Die Frauen bewahren Rosenöl und Bernsteinketten auf, die sie ihnen aus dem Orient geschickt hat, und erzählen ihren Kindern von dem wilden Mädchen, das im Orient zur Königin gekrönt worden ist. »Sie war mutig, unerschrocken und stolz wie Luzifer«, schreibt ihr langjähriger Arzt Dr. Meryon, der ihre Memoiren verfasst hat, »königlich in ihrer Großzügigkeit wie in ihrer Tyrannei.« Hester selbst versichert:

Was gewöhnliche Leute über mich sagen oder denken, hat auf mich nicht mehr Wirkung, als wenn sie die Sonne anspuckten. Es fällt nur auf ihre eigene Nase.

Eines steht nach 30 Jahren im Orient für sie fest:

Ich werde nie nach England zurückkehren, außer in Ketten, und man wird mich nie dazu bringen, anders zu handeln, als es mir mein Wille diktiert, solange Atem in meinem Körper ist.

Wie der Vater, so die Tochter. Hester ist die älteste Tochter des Earl of Stanhope, eines bekannten Wissenschaftlers mit gefürchtetem Temperament. Ihre Mutter stirbt im Kindbett, als Hester vier Jahre alt ist. Der Earl ist untröstlich, heiratet aber bald wieder. Seine zweite Frau schenkt ihm drei Söhne, ehe sie in ihre Londoner Kreise zurückkehrt. Der Earl dagegen sympathisiert mit der Französischen Revolution und geht dabei so weit, dass er sich »Bürger Stanhope« nennt und die Söhne zu einem Schmied in die Lehre gibt. Hester ist die einzige, die es wagt, dem Vater zu widersprechen. Trotzdem ist sie sein Liebling, von ihm hat sie ihren Mut, den scharfen Verstand und die exzentrische Ader. Sie entzweit sich jedoch mit ihm, als sie ihrem ältesten Bruder zur Flucht verhilft, und sucht bei ihrer Großmutter in der Hauptstadt Zuflucht.

In der Londoner Gesellschaft wird Hester für ihre unkonventionelle Art bewundert, eckt aber auch an. Sie gilt als attraktiv – Meryon beschreibt sie als hochgewachsen, schlank, mit blitzenden blauen Augen –, hat Freunde und Verehrer, erhält aber keine Anträge.

Vielleicht tritt sie den Männern zu freimütig auf. Dem Doktor bekennt sie:

> *Ich konnte diese lächerlichen Frauen nie ausstehen, die über keinen Strohhalm steigen können, ohne zu erwarten, dass ihr Begleiter ihnen die Hand reicht. Ich sagte den Männern immer, wenn sie mir den Arm anboten, nein, nein, ich habe selber Beine, bemühen Sie sich nicht.*

Als die Großmutter stirbt, ist Hester heimatlos – der Vater verzeiht ihr zeitlebens nicht. In ihrer Verzweiflung wendet sich die 26-Jährige an ihren Onkel, den früheren Premierminister William Pitt.

> *Wie freundlich von Pitt, die arme Lady Hester Stanhope in sein Haus aufzunehmen, obwohl ihre Gegenwart seine Lebensgewohnheiten stören muss.*

Damit spricht Lord Mulgrave aus, was alle denken, als der ruhige Junggeselle seine ungestüme Nichte bei sich aufnimmt. Doch Pitts Biograph kommt zu dem Urteil:

> *Lady Hester schenkte ihm eine große und ergebene Zuneigung, die ihr Leben lang anhielt. Pitt seinerseits behandelte sie mit fast väterlicher Liebe.*

Als Pitt im Jahr 1804 zum zweiten Mal Premierminister wird, wird Hester Hausherrin in der Downing Street. Die Rolle liegt ihr, sie ist eine gute Gastgeberin, lebhaft, klug und witzig. Aber sie kann ihre lose Zunge nicht zügeln, und es kommt ihr nie in den Sinn, dass sich das rächen könnte. Zu Dr. Meryon sagt sie:

> *Ich habe die Gefühle anderer nie absichtlich verletzt … Aber wenn die Leute meinen, dass ich ihnen die Wahrheit nicht ins Gesicht sage, irren sie sich. Wenn Sie oder jemand anders sich wie ein Narr benehmen, muss ich es sagen.*

Diskretion ist ein Fremdwort für sie. Als sie sich mit 28 Jahren in Lord Granville verliebt, hat halb London an ihren Gefühlen Anteil.

Leider ist Granville ein stadtbekannter Don Juan. Als Hester begreift, dass er nur mit ihr gespielt hat, ist sie am Boden zerstört. Erst als Pitt schwer erkrankt, kommt sie wieder zu sich und widmet sich ganz dem Onkel. Sein Tod ist ein schwerer Schlag für sie.

Der Premierminister hat darum gebeten, seiner Nichte eine Pension zuzugestehen. Die Krone bewilligt Hester 1200 Pfund – eine stolze, doch im Vergleich zu dem, was sie gewohnt ist, unbedeutende Summe. Zum ersten Mal muss Hester sparen. Sie zieht mit ihren Brüdern zusammen und versucht, Haltung zu bewahren, wenn frühere Freunde sie »die arme Hester« nennen, ihren Stolz und ihre Extravaganz kritisieren. Ernüchtert stellt sie fest: »Eine arme Aristokratin ist das Schlimmste auf der Welt.«

Einer, der ihr treu bleibt, ist General John Moore. Sie werden enge Freunde, doch ehe sich mehr entwickeln kann, fällt Moore in Spanien. Kurz darauf fällt auch ihr Bruder Charles. Das ist mehr, als Hester verkraften kann. Krank vor Kummer zieht sie sich aufs Land zurück. Als der Arzt ihr einen Luftwechsel vorschlägt, bietet ihr Bruder James an, sie zu begleiten, und die 33-Jährige beginnt die ersten Reisepläne zu schmieden.

Im Jahr 1810 schifft sie sich mit James, dem jungen schottischen Arzt Dr. Meryon und einer Kammerzofe nach Gibraltar ein. Dort stoßen weitere Engländer zu ihnen: Lord Sligo und sein Freund Michael Bruce, der Sohn eines reichen Kaufmanns. Michael ist 21, Cambridge-Absolvent, gut aussehend, charmant – und tief beeindruckt von Hester. Beiläufig bietet er sich als Begleiter an, als sie die Abreise ihres Bruders beklagt, und ist selbst überrascht, als sie annimmt. Gemeinsam reisen sie über Griechenland weiter nach Konstantinopel. An Michaels Seite fühlt sich Hester wieder jung und lebendig. Sie vergisst ihren Stolz, verdrängt den Altersunterschied, die Konvention ist ihr sowieso egal – aus dem Flirt wird Ernst, die beiden werden ein Liebespaar, und Hester ist viel zu glücklich, um das für sich zu behalten: »Niemand ist so schön und so klug wie er, niemand für eine größere Zukunft bestimmt.«

In Konstantinopel gewinnt ihr freimütiges Auftreten die Bewunderung der Türken. Stolz rühmt sie sich:

Ich trug meinen Degen mit einem Schneid, dass ich alle im Handstreich eroberte … Die Türken beurteilen andere auch danach, wie gut sie reiten, und da sie Frauen nie anders als im Schritt und nie das temperamentvolle Pferd des großen Pascha haben reiten sehen, folgern sie, dass ich ganz außergewöhnlich bin.

Das findet auch ihr Geliebter, der in seinem Idealismus von Heirat träumt. Es ist ein Schock für ihn, dass Hester seinen Antrag ablehnt. Sie ahnt jedoch, dass Michaels Vater der Heirat mit einer zwölf Jahre älteren Frau nie zustimmen würde. Tatsächlich ist der alte Bruce ebenso außer sich wie Hesters Bruder, als sie ihm von ihrer Liebe berichtet. Ein Freund, den sie um Vermittlung bittet, meint:

… dass die Vorurteile der Welt Ihnen und Mr. Bruce viele Schwierigkeiten bereiten werden … Bruce' Vorschlag, eine Ehe zu schließen, halte ich für den einzig richtigen, denn eine Liaison ist und bleibt in den Augen der Welt, insbesondere in unserem Lande, ein Verstoß gegen Brauch und Sitte.

Um Hester abzulenken, reist Michael mit ihr nach Kleinasien. Sie genießt das Landleben, die blühenden Obstgärten, die Ausritte auf jungen Pferden, weiß aber, dass die Idylle nicht von Dauer sein kann. Zurück in Konstantinopel verfällt sie auf die wahnwitzige Idee, nach Frankreich zu reisen, sich beim Erbfeind Napoleon einzuschmeicheln und auszuspionieren, wie er zu schlagen wäre. Zum Glück bekommt sie keine Einreisegenehmigung und muss ein neues Ziel ins Auge fassen: Ägypten.

In stürmischer Nacht erleidet das Schiff, das sie dorthin bringen soll, Schiffbruch. Ein Rettungsboot wird zu Wasser gelassen. In ihrer Angst klammert sich Hester an die fast vergessene Prophezeiung eines verrückten Wahrsagers, sie werde im Orient zur Königin gekrönt. Und wirklich, die Reisenden werden gerettet. Weil ihre gesamte Habe verloren ist, müssen sie türkische Kleidung tragen. Hester wählt Pluderhosen und Weste – ein Männerkostüm, das ihr so gut gefällt, dass sie es für den Rest ihres Lebens beibehält.

In Kairo wird Lady Hester von Pascha Mehmet Ali fürstlich empfangen. Von Ägypten ist sie jedoch enttäuscht. Meryon, ganz ihrer Meinung, schreibt:

Alexandria wirkt noch staubiger als die Blackfriars-Brücke in London an einem windigen Tag. Rosetta wimmelt von Fliegen, und der Gestank in Kairo ist schlimmer als in einem Schlachthaus.

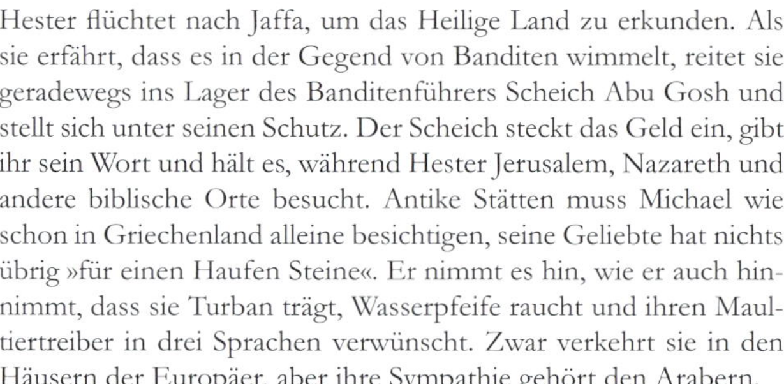

Hester flüchtet nach Jaffa, um das Heilige Land zu erkunden. Als sie erfährt, dass es in der Gegend von Banditen wimmelt, reitet sie geradewegs ins Lager des Banditenführers Scheich Abu Gosh und stellt sich unter seinen Schutz. Der Scheich steckt das Geld ein, gibt ihr sein Wort und hält es, während Hester Jerusalem, Nazareth und andere biblische Orte besucht. Antike Stätten muss Michael wie schon in Griechenland alleine besichtigen, seine Geliebte hat nichts übrig »für einen Haufen Steine«. Er nimmt es hin, wie er auch hinnimmt, dass sie Turban trägt, Wasserpfeife raucht und ihren Maultiertreiber in drei Sprachen verwünscht. Zwar verkehrt sie in den Häusern der Europäer, aber ihre Sympathie gehört den Arabern.

Sie sind die kühnsten Menschen der Welt, zugleich von geradezu poetischer Zartheit … Ich persönlich habe die größte Zuneigung und Vertrauen zu diesen Leuten.

In Syrien und im Libanon bilden sich Legenden über Hesters Reichtum, ihre Großzügigkeit und ihren Mut. In Sidon erhält sie eine Einladung von Emir Beshyr, dem Fürsten der geheimnisumwitterten Drusen, die nach eigenen Gesetzen in ihren Bergfestungen leben. Hester ist begeistert, Dr. Meryon eher skeptisch:

Es heißt, dass er seine drei Neffen geblendet und seinen Premierminister erdrosselt hat … aber das zählt hierzulande gar nichts.

Der Emir empfängt die britische Aristokratin mit vollendeter Gastfreundschaft. Sein Sekretär nennt ihr jedoch ohne Scheu die Summe, die zur Begleichung des einmonatigen Aufenthalts nötig ist. Hester ist um einiges ärmer, als sie Deir el-Kamar verlässt. Als nächstes setzt sie sich in den Kopf, Damaskus zu besuchen, das als extrem fremdenfeindlich gilt. Auch diesmal wagt sie einen Frontalangriff: Sie bittet um eine Einladung des Pascha, erhält sie und reitet unverschleiert in die Stadt ein. Dr. Meryon berichtet:

Die Leute starrten uns an, und alle Augen richteten sich auf Ihre Ladyschaft. Viele sahen sofort, dass sie eine Frau sein musste, doch bevor sie sich von ihrem Erstaunen erholen konnten, waren wir schon weiter …

Dennoch hält es sie nicht lange in Damaskus. Als ihr Janitschar einen prachtvollen Empfang rühmt, antwortet sie:

›Gewiss, aber wie eitel ist das alles!‹ ›Mylady‹, erwidert er, ›Sie tragen den Stolz der Könige auf der Stirn und die Demut eines Derwischs im Herzen.‹

Von Demut kann keine Rede sein: Mylady träumt von Palmyra, dem Sitz der legendären Königin Zenobia. Seit römischen Zeiten ist es keinem Europäer gelungen, die Wüstenstadt zu betreten. Wie

gewohnt schlägt Hester alle Warnungen in den Wind. Sie sucht den berüchtigten Beduinen-Scheich Mahannah al-Fadel auf und sagt:

> *Ich weiß, dass Sie ein Räuber sind und dass ich nun in Ihrer Macht bin. Aber ich fürchte mich nicht vor Ihnen. Ich habe meine Eskorte und meine englischen Freunde zurückgelassen, um Ihnen zu zeigen, dass ich Sie und Ihr Volk als meine Beschützer betrachte.*

Ihre Rechnung geht auf, der Scheich gibt ihr Geleit. Im März 1813 bricht sie auf, an der Spitze einer Karawane von 70 Pferden und 40 Kamelen. Michael, bisher stets an ihrer Seite, muss sich neben Dr. Meryon einreihen. Einem Freund schreibt er:

> *Wer weiß, vielleicht ist sie die neue Zenobia? Vielleicht wird sie den großen Ibn Saud, den Führer der Wahhabiten, heiraten. Er soll zwar nicht sonderlich liebenswert sein, aber wenn man den Ehrgeiz höher als die Liebe wertet, könnte sie … den Thron des Sultans zum Wanken bringen.*

Es ist zweifellos der Höhepunkt ihres Lebens, als Hester als erste Europäerin in die antike Stadt einzieht. Die Beduinen, die ihren Mut bewundern, jubeln ihr zu. Im Triumphzug reitet sie mit ihrem Gefolge eine von Säulen gesäumte Straße hinab zu einem Tempel, wo sie feierlich gekrönt wird. Die Worte des verrückten Propheten werden wahr:

Ich bin zur Königin der Wüste gekrönt worden, unter dem Triumphbogen von Palmyra.

Die Kunde verbreitet sich rasch in ganz Europa, Hesters Name wird jedem Orientreisenden zum Begriff. Doch was nun? Sie ist keine Forschernatur, Archäologie und Geschichte interessieren sie nicht. Neue Reisen kann sie sich nicht leisten, ihre Mittel sind erschöpft – die Expedition nach Palmyra hat Unsummen verschlungen, sowohl in barem Geld als auch in Geschenken. Zurück nach England? Was für ein Leben würde sie dort erwarten, als alte Jungfer von zweifelhaftem Ruf! Aber Michael soll zurückkehren. Als sie erfahren, dass sein Vater erkrankt ist, drängt Hester ihn zur Heimreise. Sie glaubt immer noch an seine Zukunft: »Er kann, wenn er nicht zu früh seine Laufbahn antritt, ein bedeutender Staatsmann werden.«

Dem erstaunten Dr. Meryon teilt sie mit, sie habe ein Kloster am Fuß des Libanon gemietet. Doch bevor sie ihr neues Heim beziehen kann, bricht die Pest aus, und Lady Hester bleibt nicht davon verschont. Erst Anfang 1814 ist sie kräftig genug für den Umzug nach Mar Elias. Sie kann sich jedoch nur schwer an das einsame Leben gewöhnen, trauert um Michael, ist überreizt und empfindlich. Dr. Meryon schreibt: »Die bloße Erinnerung an ihre einstige gesellschaftliche Stellung scheint den Funken des Wahnsinns in ihr zu entzünden.«

Dabei betrachtet sie sich als eine Art britische Botschafterin und fühlt sich als solche auch berufen, den Tod eines Christen zu rächen, den religiöse Fanatiker umgebracht haben – sie gibt nicht nach, bis der Gouverneur von Tripolis eine Strafexpedition einleitet, die 300 Menschen das Leben kostet. Dr. Meryon ist entsetzt, doch Türken und Araber bewundern sie als »Beschützerin der Unterdrückten«.

Auch Meryon hat sich verändert. Lady Hester schreibt nach England:

Ich habe vergessen, Ihnen zu sagen, was für ein Unikum Meryon geworden ist. Er hat sich den halben Schädel rasieren und einen langen Zopf wachsen lassen, trägt ein braunes Schaffell und nimmt die sechs Fuß lange Pfeife niemals aus dem Mund. Das Stehen hat er ganz verlernt und hockt nur noch im Türkensitz herum.

Das heißt nicht, dass Dr. Meryon Hesters neues Interesse an östlicher Mystik teilt. Skeptisch beobachtet er die Astrologen und Mystiker, die sie empfängt, darunter obskure Gestalten wie der Prophet Lousteneau, der das Kommen des neuen Messias auf einem von Geburt an gesattelten Pferd weissagt. Lousteneau behauptet auch, eine weiße Frau werde als Braut des Messias in Jerusalem einreiten – eine Prophezeiung, die Hester beschäftigt. Sie hat längst ihren eigenen Glauben:

Religion ist für mich nicht mehr und nicht weniger als ein Kostüm der Anbetung, daher ist es egal, ob es grün, weiß, blau oder schwarz ist. Für mich ist es ein und dasselbe, ob man vor einem Stück Holz oder einer Muschel niederkniet, um sich an den Allmächtigen zu wenden. Vielleicht würde mich der Papst dafür kreuzigen lassen – wenn es mein Los ist, werde ich nicht murren; denn was vorherbestimmt ist, muss geschehen.

Dr. Meryon entschließt sich, nach England zurückzukehren, wo er heiratet und eine Familie gründet. Hester lässt ihn ohne Bedauern

ziehen, sie hat den Kopf voller Pläne. Im Jahr 1820 siedelt sie in das Bergkloster Djoun über, lässt es umbauen und neu befestigen. Zwischen den Gebäuden entsteht ein Labyrinth aus Wandelgängen, geheimen Passagen und Kammern, Ställen und Reitbahnen, Innenhöfen und Gärten mit Springbrunnen unter Jasmin- und Rosenlauben. Eine Festung, in der es sich aushalten lässt. Meryon mutmaßt, die nun 44-Jährige sei »aus Liebe zur Macht« in die Berge gezogen:

Mar Elias war kaum zwei Meilen entfernt von Sidon, so dass ihre Diener über Nacht davonlaufen und Zuflucht in der Stadt suchen konnten … Hingegen wagte ein armer Sklave kaum, die einsamen Berge zu durchqueren, wo es Schakale und Wölfe gab … oder es war Zeit, ihn mit Versprechen und Geschenken zu besänftigen, Mittel, die Lady Hester gut einzusetzen wusste.

Es ist kein Vergnügen, in Hesters Diensten zu stehen. Sie ist launisch und jähzornig, ihre Diener müssen rund um die Uhr zur Verfügung stehen und werden bei der kleinsten Verfehlung gezüchtigt.

»Sie mögen keine milden Herren«, rechtfertigt sie sich. »Sie wissen genau, dass ich Dienstboten immer mit größter Freundlichkeit behandelte … bis ich merkte, dass sie meine Nachsicht auf gröbste Weise ausnutzten.«

Ihre Großzügigkeit macht vieles wieder gut – wenn man ihr eine rührselige Geschichte über das Elend einer Familie auftischt, verweigert sie nie ihre Hilfe. Meryon spricht gar von einem »Zauber, durch den diese moderne Circe die Menschen fast unentrinnbar in ihre Netze verstrickte«.

Noch im selben Jahr brechen kriegerische Unruhen aus. Mehmet Ali von Ägypten hat ein Auge auf Syrien geworfen, und Hesters alter Freund und Nachbar, der drusische Emir Beshyr, verbündet sich mit dem Eroberer und leistet ihm Beistand bei der Unterwerfung seines eigenen Volkes.

Lady Hester, zutiefst empört, schürt und unterstützt den Aufstand der Drusen. Nachts schleichen Spione und Boten durch die Fluchtpforte von Djoun, und ganze Bergstämme finden Schutz hinter ihren Mauern. Emir Beshyr schickt Drohbriefe und lässt Männer vor ihren Toren ermorden, um Hester in die Knie zu zwingen. Ihre Antwort:

Sagt ihm, dass er ein Hund und ein Ungeheuer ist … Ich mache mir nichts aus seinen Giften und Dolchen. Ich weiß nicht, was Furcht ist. Es ist an ihm und seinen Helfern, zu zittern. Und sagt seinem Sohn, wenn er meine Schwelle überschreitet, werde ich ihn eigenhändig erdolchen!

Schließlich erreicht die Nachricht von Lady Hesters Bedrängnis Konstantinopel, und der Sultan stellt sie unter seinen Schutz. Triumphierend schreibt sie Dr. Meryon:

Der Emir ist wieder ganz klein geworden. Er hat sich verrechnet, und die Leute seines Landes sind über sein unwürdiges Benehmen empört. Jetzt bedauert er es, mir Gelegenheit gegeben zu haben, meine Macht zu zeigen.

Ihr Bruder James erfährt nicht mehr von ihrer Notlage, er hat sich nach dem Tod seiner Frau das Leben genommen. Hester sucht Trost im Okkulten. Sie lernt, Horoskope zu stellen, Handlinien zu lesen und Geister zu beschwören. Ihre Welt ist von Aberglauben erfüllt, alles wird übernatürlichen Kräften zugeschrieben. Als eine Stute ein Fohlen mit sattelartig verformtem Rücken zur Welt bringt, scheint es Lousteneaus Prophezeiung vom Kommen des neuen Messias zu bestärken, und Hester hört es nicht ungern, wenn der geschäftstüchtige Seher orakelt, sie werde dessen Braut sein.

Als sich ihre Gesundheit so verschlechtert, dass sie nicht mehr reiten kann, ist sie untröstlich. Sie hält ihre Krankheit für ein asthmatisches Leiden, in Wahrheit ist es Schwindsucht. Als sie auch noch an Gelbfieber erkrankt, bricht der Haushalt zusammen. Die Diener plündern die Vorratskammern, brechen Schränke und Truhen auf und stehlen, was sie in die Hände bekommen. Ihre Gesellschafterin Miss Williams fällt dem Fieber zum Opfer, Hester überlebt um Haaresbreite. Dr. Meryon, der auf ihre Bitte hin mit seiner Familie aus England anreist, ist entsetzt über ihre Verfassung, die offensichtliche Armut und das Chaos in Djoun. Alles ist schäbig und vernachlässigt, die Vorhänge halb zerrissen, von Staub und Spinnweben bedeckt.

Obwohl seine Frau lieber heute als morgen nach Europa zurückkehren würde, verbringt Dr. Meryon ganze Nächte bei seiner Patientin. Hester hat sich angewöhnt, erst am Nachmittag aufzustehen. Um ihre alternden Züge zu verbergen, empfängt sie Besucher erst nach Einbruch der Dämmerung. Dann allerdings unterhält sie sich bis zum Morgengrauen mit ihnen. Dr. Meryon hört sich ihre Litaneien nicht ohne Hintergedanken an:

Nachdem ich ihr eines Tages sagte, wenn sie sich die Mühe machen würde, ihre Memoiren zu schreiben, könnte sie damit ihre Schulden bezahlen, lachte sie und sagte: ›Ah, gut! Wenn es mir besser geht, werde ich Ihnen noch ein paar Anekdoten erzählen, um daraus ein Buch zu machen.‹ … Ich glaube, wenn sie bei besserer Gesundheit gewesen wäre, hätte sie sich auf meinen Vorschlag eingelassen und mir ihre Memoiren diktiert.

Auch die Orientreisenden, die die sagenumwobene Abenteurerin besuchen, müssen zuhören können. Der Autor Dr. Madden berichtet, sie hätten sich sieben Stunden lang über verschiedenste Wissensgebiete unterhalten. Madden ist von der »Gesellschaft einer Frau entzückt, deren liebenswürdige Manieren, bedeutende Kenntnisse und freimütige Redeweise ihre Exzentrizitäten vergessen ließen«, Graf Léon Laborde dagegen hält die »Prophetin des Libanon« für völlig verrückt. Der Romantiker Alphonse de Lamartine wiederum ist bezaubert von ihrem »strahlenden Blick, dem fast etwas Göttliches eigen war«. Auch Fürst Pückler-Muskau, einer ihrer letzten Besucher, bescheinigt ihr »Eleganz und Grazie, wie man sie unter Engländerinnen nicht häufig antrifft, und die ihr, verbunden mit orientalischer Würde und Ruhe, einen besonderen Zauber verliehen.«

Den Verfall sieht er nicht. Hester steht am Rand des Ruins, die Gläubiger belagern ihr Haus. Die Schwindsucht fesselt sie ans Bett, sie wird von Schmerzen, Hustenanfällen und Blutstürzen gequält. Den letzten Schlag versetzt ihr die britische Regierung: Ihre Pension wird einbehalten, um die Gläubiger zu beschwichtigen. Tief getroffen schreibt sie an Königin Viktoria:

Nachdem keine Erkundigungen darüber eingezogen wurden, warum ich in Schulden geriet, halte ich es auch für überflüssig, Aufklärung darüber zu geben. Ich erhebe jedoch dagegen Einspruch, dass mir die Pension, die mir der Großvater Ihrer Majestät, König Georg III., verliehen hat, mit Gewalt genommen wird. Ich verzichte auf sie zugunsten meiner Gläubiger und verzichte auf die englische Staatsbürgerschaft.

Ihr Brief wird nie beantwortet. Nun sieht sie nur noch eine Lösung:

Doktor, die Würfel sind gefallen. Je eher Sie abreisen, umso besser … Ich gebe auf, ich lasse das Tor zumauern und werde mich mit einigen Bediensteten in mein Schicksal fügen. – Ersparen Sie mir bitte Ihre törichten Einwände.

Sie besteht darauf, dass Dr. Meryon geht, und lässt einen Steinmetz rufen. Dr. Meryon hält es für einen letzten Schachzug. Immerhin hat sie ihm angekündigt:

›Ich werde Lord Palmerston [dem Außenminister] schreiben, dass ich eingemauert bleibe, bis mein guter Ruf wiederhergestellt ist.‹ … Sie war davon überzeugt, dass sie unverwundbar war, sie dachte, sie würde es noch erleben, ihre Feinde bekehrt und ihre Schulden bezahlt zu sehen … ›Ich werde nicht in meinem Bett sterben‹, pflegte sie zu sagen.

Doch genau das geschieht. Lady Hester Stanhope stirbt im Jahr 1839 mit 63 Jahren an der Schwindsucht. Der englische Konsul lässt sie in ihrem Garten begraben. Eine letzte große Geste zum Abschied – das passt zu der in jeder Hinsicht außergewöhnlichen Lady, von der die Araber sagen:

Im Guten oder Bösen – nichts an ihr ist klein.

G. L.

Unter Kopfjägern und Kannibalen

Ida Pfeiffer (1797-1858)

Österreichische Reiseschriftstellerin

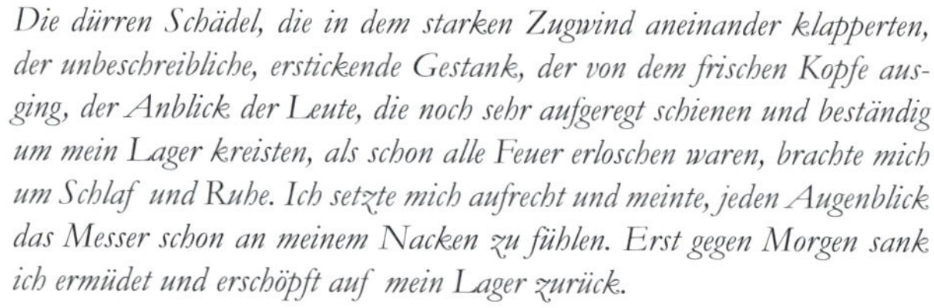

Die dürren Schädel, die in dem starken Zugwind aneinander klapperten, der unbeschreibliche, erstickende Gestank, der von dem frischen Kopfe ausging, der Anblick der Leute, die noch sehr aufgeregt schienen und beständig um mein Lager kreisten, als schon alle Feuer erloschen waren, brachte mich um Schlaf und Ruhe. Ich setzte mich aufrecht und meinte, jeden Augenblick das Messer schon an meinem Nacken zu fühlen. Erst gegen Morgen sank ich ermüdet und erschöpft auf mein Lager zurück.

Es ist kein Wunder, dass Ida Pfeiffer nicht ruhig schlafen kann – die Wienerin hat sich nämlich als erste weiße Frau unter die Kopfjäger im Dschungel von Borneo gewagt. In jener Nacht mag sich die waghalsige Dame aus dem biedermeierlichen Österreich gefragt haben, wie um alles in der Welt sie dort hingeraten konnte. Die Antwort ist im Vorwort ihres Bestsellers *Eine Frauenfahrt um die Welt* nachzulesen: »Wie es den Maler drängt, ein Bild zu malen, den Dichter, seine Gedanken auszusprechen, so drängt es mich, die Welt zu sehen.«

Es sieht von Anfang an so aus, als sei an der kleinen Ida Laura ein Junge verloren gegangen. Puppen interessieren das Mädchen nicht, sie tollt lieber in Hosen herum und spielt mit Säbel und Gewehr. 1797 in die Wiener Kaufmannsfamilie Reyer geboren, hat Ida dieselbe strenge Erziehung wie ihre Brüder erhalten. Vater Reyer verlangt den Kindern die gleiche Disziplin ab, die ihm selbst zum Erfolg verholfen hat. Die Mahlzeiten sind karg, Sonderwünsche nicht gestattet. Doch als Ida neun Jahre alt ist, stirbt der Vater, und die Mutter setzt den »verkehrten Ideen« ein Ende. Die Tochter soll sich endlich wie ein Mädchen benehmen, Röcke tragen, Klavierspielen und Handarbeiten lernen.

In ihrer Autobiographie schreibt Ida:

Wie lächerlich musste ich in den langen Kleidern aussehen, als ich dabei noch immer lief und sprang und mich in allem benahm wie ein wilder Junge!

Handarbeiten und Klavierspielen sind ihr so zuwider, dass sie sich in die Finger schneidet oder sie mit Siegellack verbrennt, »um nur

den verhassten Übungen zu entgehen«. Die Situation ändert sich, als ein Hauslehrer für sie eingestellt wird: Dem Staatsbeamten Emil Trimmel gelingt es, das Vertrauen des nun 13-jährigen Mädchens zu gewinnen.

Da ich meine Eltern eher fürchten als lieben gelernt hatte und er, so zu sagen, das erste Wesen war, das mir mit Freundlichkeit und Anteilname entgegenkam, so hing ich mit schwärmerischer Liebe an ihm … Ihm verdanke ich es, dass ich im Verlaufe von drei bis vier Jahren vollkommen zu der Einsicht der Pflichten meines Geschlechtes gelangte, dass aus dem wilden Jungen eine bescheidene Jungfrau wurde.

Zugleich eröffnet der reiselustige Lehrer seiner Schülerin aber auch neue Welten. Ida verschlingt die Reiseberichte, die er ihr zu lesen gibt, und träumt davon, an Expeditionen teilzunehmen und ferne Länder zu sehen.

Als sie mit 17 Jahren ihren ersten Heiratsantrag erhält, wird ihr bewusst: »Ich könnte niemand andern lieben als T., den Führer meiner Jugend.« Der Unterricht ist zwar abgeschlossen, doch Emil Trimmel ist ein Freund der Familie geworden. Ida und der elf Jahre ältere Mann gestehen sich ihre Zuneigung, aber Idas Mutter lehnt den Bewerber aus Standesgründen kategorisch ab.

Ida ist außer sich vor Kummer. Sie weigert sich lange, einen anderen Mann zu akzeptieren. 1820 willigt sie schließlich doch in eine Vernunftehe mit dem 24 Jahre älteren, verwitweten Rechtsanwalt Dr. Mark Anton Pfeiffer aus Lemberg ein. Die Ehe steht unter keinem guten Stern. Mit einem Prozess gegen korrupte Beamte macht sich Pfeiffer so viele Feinde, dass er seine Kanzlei schließen muss. Er bemüht sich vergeblich um eine neue Stelle und wird darüber depressiv. Dabei verschlimmert sich die finanzielle Lage der Pfeiffers zunehmend. Ida bringt in dieser Zeit zwei Söhne zur Welt. Rückblickend schreibt sie:

Nun wusste ich oft kaum, wo ich mein Haupt niederlegen, wo ich das bisschen Geld hernehmen sollte, um mir nur das höchst Nötige anzuschaffen. Ich

verrichtete alle Hausarbeiten, ich fror und hungerte, ich arbeitete im Geheimen für Geld, ich erteilte Unterricht in Zeichnen und Musik, und doch, trotz aller Anstrengungen gab es oft Tage, an welchen ich meinen armen Kindern kaum etwas mehr als trockenes Brot zum Mittagessen vorzusetzen hatte.

Der schwermütige Ehemann lebt nun überwiegend in Lemberg, Ida dagegen mit den Kindern in Wien. Bei einem Familienbesuch in Triest sieht die 39-Jährige zum ersten Mal das Meer – ein Anblick, bei dem »eine kaum zu bewältigende Reiselust« in ihr erwacht. Als die Söhne auf eigenen Füßen stehen, sieht sie ihre Zeit gekommen: Im März 1842 tritt sie im Alter von 44 Jahren ihre erste große Reise an. Für sie steht fest …

… dass ich als Frau allein in die Welt hinaus wollte. So verließ ich mich auf meine Jahre, auf meinen Mut und die Selbstständigkeit, die ich in harter Schule des Lebens erlangt hatte, als ich nicht nur für mich und meine Kinder, sondern auch mitunter für meinen Mann sorgen musste.

Sie gibt vor, eine alte Freundin in Konstantinopel besuchen zu wollen; schon das erscheint Freunden und Familie verrückt genug. Ihr eigentliches Ziel aber ist das Heilige Land. Über die Donau und das Schwarze Meer erreicht sie zunächst die Metropole am Bosporus – und ist überwältigt:

Die herrlichen Hügel mit ihren Städten und Dörfern, die Menge von Palästen, Gärten, Kiosken und Moscheen, die Prinzeninseln, das Goldene Horn, das ewige Leben auf dem Meer, das Gewühl der Menschen … die reichste Phantasie ist nicht imstande, ein solches Gemälde hervorzubringen. Hier ist eine andere Welt vor meinen Augen entfaltet.

Kühn behauptet sie, sie könne reiten, um auch die Umgebung erkunden zu können.

Allein als der Trab anfing, wurde mir ganz kurios zumute, ich konnte mit den Steigbügeln nicht zurechtkommen, bald saßen sie mir auf der Ferse, bald verlor ich sie ganz und kam dadurch in Gefahr, das Gleichgewicht zu verlieren. Ich blieb daher vorsätzlich die letzte, unter dem Vorwand, dass mein Pferd stützig [störrisch] sei und nur dann gut gehe, wenn es die anderen vor sich habe; die eigentliche Ursache aber war, dass die Herren meine Manöver nicht sähen, denn alle Augenblicke glaubte ich herabzustürzen.

Der Mut der Wienerin wird belohnt, sie erreicht »tüchtig zusammengeschüttelt, aber doch ohne Unfall« das Ziel. Nun können sie weder politische Unruhen noch die im Libanon grassierende Pest davon abhalten, nach Jerusalem zu reisen.

So kniete ich nun an jenen Stellen, welche der Gegenstand all meiner Wünsche schon in der Kindheit waren. Die Gefühle, welche man an solchen Stellen

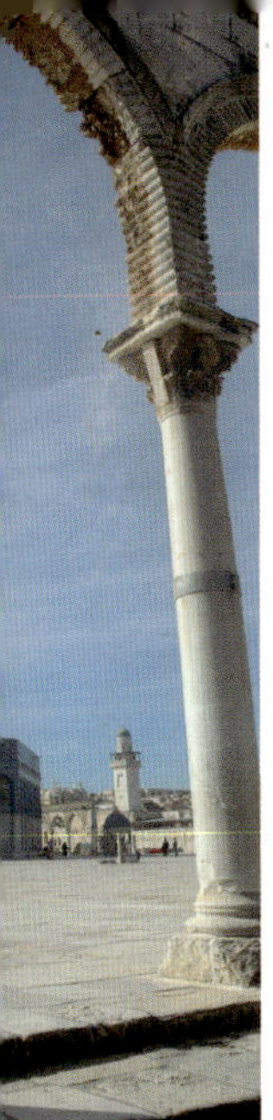

hat, sind wohl zu heilig und mannigfaltig, um auch nur den leisesten Versuch zu machen, sie mit Worten zu beschreiben.

Sie unternimmt Ausflüge nach Bethlehem, an den Jordan, ins Tal von Jericho, erfüllt davon, »da zu gehen, wo Jesus ging«, und bringt eine ganze Nacht in der Kirche des Heiligen Grabes zu:

Dies waren die schönsten Stunden meines Lebens – wer die erlebt, hat genug gelebt!

Dennoch zieht es die Pilgerin noch nicht nach Hause. Wie auch, wenn sich verlockende Ziele wie Damaskus, die noch unerforschten Ruinen Baalbeks, Kairo und die Pyramiden von Gizeh in ihrer Reichweite befinden! Kurz entschlossen macht sie sich auf einem Kamel auf ins ägyptische Suez, ehe sie nach fast neun Monaten nach Wien zurückkehrt.

Der Wiener Verleger Jakob Dirnböck überredet sie, ihr Reisetagebuch zu veröffentlichen. Die Familie ist alles andere als angetan, doch mit einigen Streichungen kann die *Reise einer Wienerin ins Heilige Land* zunächst anonym erscheinen. Innerhalb weniger Jahre wird das Buch viermal aufgelegt – und seine Autorin eine der beliebtesten Reiseschriftstellerinnen ihrer Zeit.

Zeitgenossen beschreiben Ida Pfeiffer als kleine, unauffällige Person von zurückhaltendem und bescheidenem Wesen. Sie ist stets dunkel gekleidet und versteckt das aus praktischen Gründen kurz geschnittene Haar – eine für die Biedermeierzeit höchst unschickliche Haartracht – unter einer Haube. Ihre Reisen bereitet sie minutiös vor, mit dem Ziel, möglichst viel zu sehen und dabei möglichst wenig auszugeben.

Durch meine Ersparnisse erhielt ich Summen, mit denen Reisende wie der Fürst Pückler-Muskau höchstens auf einer vierzehntägigen Badereise ausgekommen wären, die mir, der einfachen Pilgerin, aber zu zwei- und dreijährigen Fahrten genügend schienen.

Das wenige Geld reicht tatsächlich, denn Frau Pfeiffer reist »wie der ärmste Araber« – mit kleinem Gepäck und geringer Barschaft, dafür aber mit vielen Empfehlungsschreiben. Hat sie einmal keine Adresse, an die sie sich wenden kann, schläft sie in einfachen Herbergen oder zur Not gar im Freien. Auch beim Essen ist sie nicht wählerisch und begnügt sich mit dem, was die Einheimischen essen.

Mundet mir ihre Kost nicht, so fehlt mir der echte Hunger, und da heißt es denn so lange fasten, bis er so tüchtig wird, dass man jedes Gericht gut findet.

Aus Südamerika berichtet sie beispielsweise:

> *Mein Appetit war grenzenlos, da ich seit morgens nichts genossen hatte; ich fing also gleich mit dem Affenbraten an, den ich überaus köstlich fand, – bei weitem nicht so zart und schmackhaft war das Fleisch des Papageis.*

Dass ihre Bücher zu Bestsellern werden, verwundert bei solchen Erzählungen nicht. Mit Ida Pfeiffer fahren die Leser zum ersten Mal über den Äquator, sehen ein Sternbild wie das Kreuz des Südens, erleben gefährliche Stürme – und erfahren, wie sie sich bei Seekrankheit helfen können:

> *Feine Grütze in Wasser gekocht, mit Wein und Zucker gemischt; davon musste ich so lange genießen, bis es mein Magen behielt. Doch nicht genug, auch kleine Stückchen rohen Speck, tüchtig mit Pfeffer gewürzt, und sogar einige Tropfen Rum musste ich verschlucken.*

Dank dieser Kur übersteht die Autorin die wild bewegte Überfahrt nach Island, ihrem nächsten Ziel nach der Reise ins Heilige Land. Die abgelegene Vulkaninsel habe sie seit dem Anfang ihres Denkens gereizt, »weil ich da eine Natur zu finden hoffte wie nirgends in der Welt«, schreibt sie. Mit der ihr eigenen Gründlichkeit lernt sie zur Vorbereitung auf die Reise Englisch und Dänisch. Außerdem eignet sie sich Grundkenntnisse der Fotographie an, die zu jener Zeit noch in den Kinderschuhen steckt, und bringt die ersten Aufnahmen von Islands zerklüfteten Lavafeldern, Schwefelquellen und Geysiren mit.

Sie beginnt Pflanzen und Insekten zu sammeln, eine Leidenschaft, der sie bis an ihr Lebensende nachgeht. Die Naturalien, später auch kunsthandwerkliche Stücke, verleihen ihren Reisen eine wissenschaftliche Bedeutung, gleichzeitig bessert der Verkauf ihre Reisekasse auf. Viele Stücke sind heute noch in Wiener Museen zu sehen. Krönender Abschluss der Nordlandfahrt ist ein Empfang bei der schwedischen Königin – Ida Pfeiffer macht sich langsam, aber sicher einen Namen.

Zu Hause in Wien hält sie es gerade sieben Monate aus. Kaum sind die zwei Bände der *Reise nach dem skandinavischen Norden* erschienen, sticht die 49-Jährige von Hamburg aus zu ihrer ersten Weltreise in See. Sie besucht Brasilien, wo sie mit knapper Not einem bewaffneten Überfall entgeht, und tritt leicht verwundet, doch unverzagt die berüchtigte Schiffspassage um Kap Horn an.

Die weißschäumenden Wogen stürzten mit so mächtiger Gewalt über das Deck, als wollten sie alles mit sich in die Tiefe reißen. Es ist fürwahr eine eigene Sache in solch einem Sturm, – man ist allein auf der unermesslichen See, weit entfernt von jeder menschlichen Hilfe, und fühlt mehr als je, dass man nur in Gottes Hand steht … Ich ließ mich nicht selten in der Nähe des Steuerkastens festbinden, die fürchterlichen Wogen über mich ergehen, um dies Schauspiel recht in mich aufzunehmen, und empfand keine Furcht, sondern Vertrauen und Ergebung.

Ist Ida Pfeiffer wirklich so unerschrocken, ist ihr Glauben so fest? Oder inszeniert sie hier nur ein Bild von sich, das sie der Welt zeigen will? Das fremdenfeindliche China jedenfalls, das sie über Chile und Tahiti erreicht, ist selbst ihr nicht geheuer. Sie reist weiter nach Indien, wo sie Aufnahme in den Häusern reicher Inder findet, bewundert das Taj Mahal, erlebt Tigerjagden, legt aber auch weite Strecken auf unbequemen Ochsenkarren zurück.

Von Bombay geht die Reise nach Mesopotamien, wo Grabungen in Ninive aufsehenerregende Funde zutage gefördert haben. Obwohl man ihr Mord und Totschlag prophezeit, reist sie weiter durch Kurdistan, Armenien und Georgien ans Schwarze Meer, bis die Sorge um ihre Familie sie im Revolutionsjahr 1848 nach Hause treibt. Im November, nachdem die kaiserlichen Truppen die Stadt nach heftigen Kämpfen zurückerobert haben, trifft sie in Wien ein. 1850 erscheinen die drei Bände ihrer *Frauenfahrt um die Welt.*

Die mittlerweile über 50-jährige Dame nimmt sich nicht die Zeit, ihre Aufzeichnungen kritisch zu überarbeiten. Ihre Urteile spiegeln die Ansichten der damaligen Zeit wider: Die Südseeinsulaner sind in ihren Augen träge, die Inder verschlagen, die Indianer »noch hässlicher als die Neger«. Musik, die ihr nicht gefällt, betrachtet sie als »höllisches Geplärr«, Tänze als »schaudererregendes Schauspiel«. Ebenso unverblümt urteilt sie aber auch über die Sklaverei oder Auswüchse des Kolonialismus:

Unter der hiesigen sogenannten gebildeten Klasse sind manche, die noch immer behaupten, dieselben [die Schwarzen] ständen an Geisteskraft so tief unter den Weißen, dass man sie nur als einen Übergang vom Affen- zum Menschengeschlechte betrachten könnte. Ich gebe zu, dass sie einigermaßen entfernt von der geistigen Bildung der Weißen sind; finde aber die Ursache nicht in dem Mangel an Verstand, sondern in dem gänzlichen Mangel an Erziehung.

An anderer Stelle notiert sie, empört über den rüden Umgang, den die Europäer mit den Einheimischen pflegen:

Wenn uns die sogenannten ›barbarischen und heidnischen Völker‹ verabscheuen und hassen, haben sie vollkommen recht. Wo der Europäer hinkommt, will er nicht belohnen, sondern nur herrschen und gebieten, und gewöhnlich ist seine Herrschaft viel drückender als jene der Eingeborenen.

In jedem Fall erregen ihre Reiseberichte so viel Aufsehen, dass gelehrte Zeitgenossen wie der Naturforscher Alexander von Humboldt oder der Geograph Carl Ritter auf die unerschrockene Wienerin aufmerksam werden. Mit ihnen diskutiert Ida ihre Pläne, ehe sie 1851 zu einer zweiten, mehr als vierjährigen Weltreise aufbricht. Als erstes will sie die Inselwelt Holländisch-Indiens, das heutige Indonesien, erkunden – mit einem mehr als abenteuerlichen Ziel: Sie hat vor, die als Kopfjäger gefürchteten Dayak in den unerforschten Wäldern Borneos aufzusuchen. Ihre erste Station ist die Residenz des Radschas von Sarawak im Westen der Insel. Auf den Hügeln in der Ferne sind von dort schon die ersten Hütten der Dayak zu sehen. Ida kann es kaum erwarten, die Kopfjäger aufzusuchen. Doch gleich der erste Ausflug in den Dschungel stellt ihren Mut auf die Probe:

Ich hatte schon viel von den schlechten Wegen auf Borneo gehört, dennoch war meine Verwunderung groß, als ich den wahrhaft lebensgefährlichen Pfad sah, der auf die Spitze des Berges führte. Über Pfützen, Sumpfstellen, Bäche oder Abgründe lagen zwei Bambusstämmchen oder ein dünnes rundes Bäumchen … Auf einer Höhe von 1.200 Fuß fanden wir den ersten Wohnplatz der Dayaker. Mit wahrem Grausen sah ich hier 36 Schädel aneinandergereiht und gleich einer Girlande aufgehängt.

Trotzdem oder vielleicht auch gerade deswegen ist Ida von den Dayak fasziniert. Gut, sie sind halbnackt, »ebensowenig mit Schönheit begabt wie die Malaien«, feilen wie diese die Zähne und färben sie schwarz. Doch Ida findet: »Ernst und Ruhe scheint in ihrem Charakter zu liegen«, und selbst als die Dayak ihr »zwei erst kürzlich abgeschnittene Menschenköpfe« zeigen, bemüht sie sich um Verständnis.

Der Rauch hatte sie kohlschwarz gefärbt, das Fleisch war halb eingetrocknet, die Haut unversehrt. Lippen und Ohren waren ganz zusammengeschrumpft. Als sie die Köpfe in die Hand nahmen, spieen sie ihnen ins Gesicht, die Knaben gaben ihnen Püffe. Ich schauderte – konnte aber doch nicht umhin zu bedenken, dass wir Europäer nicht besser, ja im Gegenteil schlechter sind als diese verächtlichen Wilden. Ist nicht jedes Blatt unserer Geschichte voll Schandtaten, Morden und Verrätereien jeder Art?

Ida beschließt, ihren Aufenthalt zu verlängern und die Insel zu durchqueren. Ein Wagnis, das noch niemand vor ihr unternommen hat. Angst hat sie aber nicht, sie will ja weder missionieren noch Land in Besitz nehmen.

Mein Hauptbestreben war stets, mich ihnen [den Dayak] vertrauensvoll und herzlich zu nahen. Ich schüttelte Männern und Weibern die Hände, setzte mich unter sie, sah ihren Arbeiten zu, nahm die Kinder auf den Schoß usw. Dann begab ich mich in den Wald, um nach Insekten zu suchen … Sie betrachteten mein Tun und Lassen gerade so wie ich das ihrige … Mit

der Abenddämmerung heimkehrend, fand ich ein Plätzchen, mit reinlichen Matten belegt, für mich bereit.

Furchtlos schläft Ida am Ehrenplatz bei der Feuerstelle, wo die erbeuteten Köpfe hängen, »eine höchst widerliche Auszeichnung, die man doch nicht ausschlagen darf«. Nur in einer der ersten Nächte wird sie jählings von Angst gepackt, ansonsten bestätigt sich ihr erster Eindruck: Die Dayak sind gastfreundlich, aber nicht aufdringlich. Sie stehlen nie etwas, helfen sogar ungefragt beim Sammeln von Naturalien, ohne eine Belohnung zu erwarten. Mit einheimischen Führern dringt Ida erst per Boot, dann zu Fuß in den Bergdschungel vor:

Die Wege waren grässlich – eine ununterbrochene Kette von Bächen, Sümpfen und stehenden Gewässern, in die wir oft über die Knie einsanken … Voll Wurzeln und gefallener riesiger Baumstämme, so dass es immerwährend zu klettern gab … Von den Höhen hatten wir überraschende Aussichten. Dreifache Gebirgsketten türmten sich hintereinander auf; große Täler lagen dazwischen, von schönen Flüssen durchschnitten, aber alles in dem tiefen Schlummer dichter, undurchdringlicher Waldungen begraben.

Stoisch marschiert die Entdeckerin acht Stunden am Tag und mehr, häufig sogar barfuß, wenn der Weg durch Sümpfe und Wasser führt. Ihr Fazit: »Wer ähnliche Reisen unternimmt, muss abgehärtet sein wie der Eingeborene. Ich war es, weil ich es sein wollte.«

Was trägt man auf abenteuerlichen Dschungelpfaden? Um die Neugier der Leserinnen zu befriedigen, veröffentlicht die Modezeitschrift *Die Wiener Elegante* ein Porträt von Ida Pfeiffer im »Reise-Costüme«. Aus Borneo berichtet sie selbst:

Ich hatte dazu eine sehr zweckmäßige, einfache Kleidung. Ich trug ein kurzes Beinkleid, das mir bis über die Knie reichte, einen Rock und eine Cabaya [chinesische oder orientalische Jacke]. Der Rock ging mir zwar bis an die Knöchel, ich schürzte ihn aber während des Marsches auf und ließ ihn erst hinab, wenn die Tagesreise vollendet war. Auf dem Kopf hatte ich einen herrlichen Bambushut von der Insel Bali, undurchdringlich für Regen und Sonnenschein. Um gegen den Sonnenstich gänzlich gesichert zu sein, legte ich noch unmittelbar auf den Kopf ein Stück von einem Bananenblatte.

Am Ende hat sie in einem Monat 600 Kilometer zurückgelegt – und überrascht ihre Leser mit dem erstaunlichen Bekenntnis, sie wäre gern noch länger unter den Dayak gereist:

Ich fand sie überaus ehrlich, gutmütig und bescheiden, ja ich setze sie in diesem Punkt über alle Völker, die ich bisher kennengelernt habe. Man wird mir vielleicht entgegnen, dass das Köpfen und Aufbewahren der Totenschädel gerade nicht von Gutmütigkeit zeuge; man muss aber berücksichtigen, dass dieser traurige Brauch mehr eine Folge rohen und unwissenden Aberglaubens ist. Ich bleibe bei meiner Behauptung stehen und führe als weitere Beweise ihre häusliche, wahrhaft patriarchalische Lebensweise, ihre Sittlichkeit, die Liebe, die sie für ihre Kinder haben, die Achtung, die diese den Eltern bezeigen, an.

Vom Erfolg beflügelt, nimmt sich Ida ein noch größeres Wagnis vor: Trotz zahlloser Warnungen will sie die als Menschenfresser verrufenen Batak auf Sumatra aufsuchen und zu ihrem Zentrum, dem Tobasee, vordringen. Dass die Batak vor nicht allzu langer Zeit zwei Missionare verspeist haben sollen, schreckt sie genauso wenig ab wie die makabren Details der kannibalischen Rituale, die ihr einige Batak-Stammesfürsten, die mit ihren Stämmen zivilisiert an der Küste leben, schildern:

Die Kriegsgefangenen werden an einen Baum gebunden und enthauptet. Dann fängt man ihr Blut sorgfältig auf und trinkt es warm oder verzehrt es mit gekochtem Reis gemischt. Hierauf geht es an die Teilung. Gewöhnlich rösten sie das Fleisch und verzehren es mit Salz. Die Radschas versicherten mir mit höchst begehrlichen Mienen, dass Menschenfleisch sehr gut schmecke und dass sie es gerne essen würden.

Ida setzt darauf, »dass vielleicht gerade die Schwäche meines Geschlechts mein Schutz sein könnte.« Sumatra erweist sich jedoch von Anfang an als schwere Prüfung:

Die Bäume und Gebüsche troffen noch vom nächtlichen Regen. Ganz steil abfallende Hügel sperrten das Vordringen und waren gefährlich zu übersteigen, da alles so glatt und schlüpfrig war, dass man keinen festen Fuß fassen konnte … Springende Blutsauger kamen in solcher Menge vor, dass ich am ganzen Körper, besonders an den Füßen, heftig blutete.

Zudem nehmen die Batak die Reisende alles andere als freundlich auf. Offenbar hat sich wie ein Lauffeuer herumgesprochen, dass eine Weiße unterwegs ist. Überall wird Ida von Kriegern erwartet, die ihr den Durchzug verwehren. Nur unter großen Schwierigkeiten erhält sie die Erlaubnis weiterzuziehen. An einem Ort aber scheint es ernsthaft gefährlich zu werden. Mehr als 80 bewaffnete Männer verstellen ihr den Weg.

Die Leute sahen über alle Beschreibung wild und fürchterlich aus. Sie schrien und lärmten so auf mich los, dass, wäre ich mit dergleichen Szenen nicht schon vertraut gewesen, ich das Äußerste hätte befürchten müssen. Ich hatte zwar Angst – die Szene war zu entsetzlich –, doch verlor ich nicht meine Geistesgegenwart und setzte mich, anscheinend ruhig und vertrauensvoll, auf einen Stein, der am Wege lag. Einige Radschas traten auf mich zu, mir mit Worten und Zeichen drohend, dass, wenn ich nicht umkehre, man mich töten und verzehren würde. Die Worte verstand ich nicht; aber die Zeichen ließen mir keinen Zweifel, denn sie wiesen mit einem Messer an den Hals, mit den Zähnen an die Arme und bewegten das Zahnkiefer, als hätten sie den Mund schon voll von meinem Fleische.

Ida erhebt sich, setzt ein freundliches Lächeln auf und entgegnet, was sie vorsorglich einstudiert hat: »Ihr werdet eine Frau nicht töten und auffressen, am wenigsten eine so alte, wie ich es bin, deren Fleisch schon hart und zähe ist.«

Ihr Plan geht auf, die Männer brechen in Gelächter aus und lassen sie weiterziehen. Dennoch kommt sie nicht ans Ziel. Eine Ratsversammlung der Batak beschließt, die Fremde müsse um jeden Preis aufgehalten werden. Hintergrund des Beschlusses ist, dass die Batak am Tobasee mit ihren Nachbarn einen Pakt geschlossen haben, nach dem kein Weißer ihr Territorium betreten darf. Eine Missachtung dieser Grenze könnte zu blutigen Stammesfehden führen. Ida bleibt nichts anderes übrig, als sich zu fügen. Immerhin ist sie weiter gekommen als jeder Europäer vor ihr. Ihre Bilanz:

… in Hinsicht der herrlichsten Naturszenen, die ich gesehen, der interessanten Ereignisse, die ich erlebt habe, gehört diese Reise zu meinen liebsten und schönsten Erinnerungen.

Sie bleibt drei Monate auf Sumatra, einen davon mit Fieber – vermutlich Malaria – im Bett, ehe sie abermals über den Pazifik segelt. Im September 1853 trifft sie in Kalifornien ein und besucht einige Goldgräberstädte. Danach wendet sie sich südwärts nach Ecuador und Peru und wagt eine Überquerung der Kordilleren. Über Panama gelangt sie wieder nach Nordamerika, besucht New York und andere Städte und bestaunt die Niagarafälle:

Wenn man einem Todfeinde hier begegnete, müsste man ihm vergeben oder kein Mensch sein, und wer je an Gott gezweifelt hat, der gehe an diesen erhabensten seiner Altäre.

Vier Bände umfasst dieses Mal ihr Reisebericht *Meine zweite Weltreise*, der 1856 erscheint. Alexander von Humboldt ist so beeindruckt, dass er »seiner Ida« eine Einladung an den preußischen Hof verschafft, wo sie mit der Goldenen Medaille für Wissenschaft und Kunst ausgezeichnet wird. Außerdem setzen sich von Humboldt und Carl Ritter dafür ein, dass die Ethnographische Gesellschaft in Berlin die Wienerin als erste Frau zum Ehrenmitglied ernennt.

Im Mai 1856 bricht Ida Pfeiffer zu ihrer letzten Reise nach Mauritius und Madagaskar auf. Auf Madagaskar regiert zwar die den Europäern äußerst feindlich gesinnte Königin Ravalona, aber Ida hat Glück, sie erhält eine Einreiseerlaubnis. Doch durch ihren Fürsprecher wird sie in eine Verschwörung verwickelt, verhaftet

und mit fünf anderen Europäern ausgewiesen. Fieberkrank wird sie von Soldaten auf langen, beschwerlichen Wegen zur Küste eskortiert und kommt »halb sterbend« nach Mauritius zurück.

Sie braucht Monate, um sich zu erholen. Kaum fühlt sie sich etwas besser, schmiedet sie neue Reisepläne: Sie will noch nach Australien. Doch das Madagaskar-Fieber lässt sie nicht mehr los. Im September 1858 kehrt sie von Krankheit gezeichnet nach Wien zurück und stirbt nur wenige Wochen später an den Folgen des hartnäckigen Fiebers, das vermutlich ein erneuter Ausbruch der Malaria gewesen ist, mit der sie sich auf Sumatra infiziert hatte. Die zwei Bände der *Reise nach Madagaskar* werden postum von ihrem Sohn herausgegeben.

In der internationalen Presse erscheinen zahlreiche Nachrufe, in ihrer Heimatstadt erfährt die Weitgereiste noch drei Jahrzehnte später eine letzte Ehrung: Der Wiener Verein für erweiterte Frauenbildung bewirkt, dass sie ein Ehrengrab auf dem Zentralfriedhof bekommt. Sie ist die erste Frau, der diese Ehre zuteil wird. G. L.

Ein Schatz von Erinnerungen

Ida von Hahn-Hahn (1805–1880)

Deutsche Schriftstellerin

Als Ida von Hahn-Hahn 1829 von ihrem Vetter Friedrich Wilhelm Graf von Hahn geschieden wird, geht sie aus dieser Ehe nicht nur hochschwanger, sondern auch mit einer jährlichen Apanage von 1500 Goldtalern hervor. Dieser ansehnliche Betrag ermöglicht es ihr, fortan ein freies und selbstbestimmtes Leben zu führen. Vor ihrer Heirat mit dem Grafen von Hahn aus Basedow hat Ida mit den drei jüngeren Geschwistern bei ihrer Mutter in Neubrandenburg in eher bescheidenen Verhältnissen gelebt. Der Mutter bleibt sie stets aufs Innigste verbunden:

Dafür, dass ich meinen Glauben, meine Ansicht, meine Meinung mit der vollkommensten Unbefangenheit, ohne Hehl und ohne Rücksicht bei jeder Gelegenheit ausspreche, bitte ich dich um Gnade; denn obwohl du auf der weiten Gotteswelt die einzige Person bist, die mir imponiert, hast du mich dennoch immer meine eigenen Wege gehen lassen, so fern und so fremd sie den deinen sein mögen, und mir eine selbstständige Entwicklung gegönnt, deren Resultat mein Glaube und meine Meinungen sind.

Die aus dem pommerschen Landadel stammende Sophie von Behr gebiert ihrem Gatten, dem Grafen Karl Friedrich von Hahn, vier Kinder – Ida, Clara, Luise und Ferdinand –, während dieser seiner Theaterleidenschaft nachgeht und auf dem Rempliner Schlossgelände ein aufwendiges Theater bauen lässt, in dem nicht weniger aufwendige und kostspielige Aufführungen stattfinden. Das Familienvermögen ist schon nach wenigen Jahren aufgebraucht und der Ruf des »Theatergrafen« legendär. Trotz steigender Schulden kann von Hahn nicht von seiner Theatersucht lassen. Seine Frau reicht 1809 die Scheidung ein, da ist Ida gerade vier Jahre alt. Die Gräfin verlässt Schloss Remplin mit ihren Kindern und bezieht zunächst eine Wohnung in Rostock. Die finanziellen Mittel sind und bleiben sehr begrenzt, und so scheint es eine glückliche Fügung, als sich Jahre später der wohlhabende Vetter Friedrich Wilhelm von Hahn aus Basedow in seine arme, aber reizend schöne Cousine verliebt.

Ida ist schlank gewachsen, mit rosigen Wangen und hoher weißer Stirn. Ihre blauen Augen blicken wegen ihres leichten Schielens

etwas unsicher, was ihr aber einen geheimnisvollen Reiz verleiht. Eine große Liebe hat sie bereits: die Literatur. Sie liest die alten griechischen Dichter, Schiller und Lord Byron. Jetzt folgt sie brav dem Rat der Familie, mit dem Vetter eine Konvenienz-Ehe einzugehen. Aber schon in den Flitterwochen wird der 21-jährigen Ida klar, dass sie in ihrer Ehe nicht glücklich werden wird, und sie verfasst das tieftraurige Gedicht *Sehnsucht nach der Heimat.* Für kurze Zeit gehört sie der gehobenen Gesellschaft an, die sich luxuriösen Vergnügungen hingibt und die sie später in ihren Romanen beschreiben wird. Doch schon nach drei Jahren kommt es zum aufsehenerregenden Scheidungsprozess, in dessen Folge Ida zunächst zu ihrer Mutter nach Greifswald zieht. Dort bringt sie ihre geistig und körperlich behinderte Tochter Antonie zur Welt, für deren Versorgung ihr nochmals Geld zugesprochen wird. Als Ida nach Berlin geht, gibt sie das Kind dort in Pflege. Auch wenn sie ihm viel Zeit widmet, wendet sie sich entschieden ihrer eigenen literarischen Entwicklung zu. Sie bezieht eine kleine Wohnung am Boulevard Unter den Linden und vertieft ihre Bekanntschaft mit dem kurländischen Baron Adolf von Bystram, den sie bereits einige Jahre zuvor kennengelernt hat.

Der von Hans Christian Andersen als »äußerst liebenswürdig« beschriebene Bystram unterstützt Ida bei ihren schriftstellerischen Bemühungen und begleitet sie auf all ihren Reisen. Als sie sich 1836 leidenschaftlich in den jüdischen Demokraten und späteren Reichsregenten Heinrich Simon verliebt, will sie Bystram verlassen. Heinrich Simon jedoch glaubt wegen des Standesunterschieds nicht an eine dauerhafte glückliche Verbindung und trennt sich von Ida. Der von allen Seiten als vollkommener Gentleman bewunderte Baron Bystram erweist sich nun tatsächlich als solcher, und Ida entschließt sich, bei ihm zu bleiben. Sie lassen sich aus verschiedenen Gründen nie trauen, aber da beide kein großes Interesse an der sogenannten »feinen Gesellschaft« haben, entsteht für sie auch kein Hindernis daraus.

Mit ihrem ersten Roman *Aus der Gesellschaft* hat Ida 1838 beachtlichen Erfolg, obwohl sie für die damalige Zeit geradezu skandalöse

Ansichten vertritt. So lässt sie in ihre Romane auch immer wieder die Forderungen nach Gleichstellung der Geschlechter und Bildung für die Frauen einfließen.

Schickt die Mädchen auf die Universität und die Jungen in die Nähschule und Küche: nach drei Generationen werdet ihr wissen, ob es unmöglich ist, und was es heißt, die Unterdrückten sein.

Als Ida über ihre Reise durch die Schweiz und Italien schreibt, erhält sie für ihre Berichte Lob und Anerkennung in ganz Europa. Mit dem gleichen Erfolg verarbeitet sie ihre Reisen nach Frankreich, Spanien und Schweden. Dann beschließt sie, eine ungewöhnlich große Fahrt zu unternehmen, und beantragt 1843 einen Reisepass für den Orient. Um die erforderlichen Vorbereitungen zu treffen, begibt sie sich im August nach Wien. Dort sammelt sie Empfehlungsschreiben für alle möglichen Eventualitäten und lässt sich Reisekleidung anfertigen: bequeme Knabenkleider aus staubfarbenem Wollstoff, rot und weiß gestreifte Hemden, dazu ein runder Strohhut und geknöpfte Stiefel. Kurz vor ihrer Abreise schreibt sie:

Frisch an Leib und Geist trete ich die Reise an und traue mir Kraft genug zu, um mir für die Zukunft einen Schatz von Erinnerungen gegen einige Mühsale und Beschwerden in der Gegenwart eintauschen zu können, Gott mit uns.

Tatsächlich verfügt Ida über eine gute körperliche Konstitution und eine alles überwindende Neugier. Als sie sich am 4. September zusammen mit Baron Bystram auf dem »äußerst unsauberen und schlecht gehaltenen« Dampfer Ferdinand einschifft, übersteht sie die dreitägige Überfahrt bis zum Bosporus, indem sie die Passagiere genau beobachtet.

Ein Türke war mit seiner Frau und zwei Kindern an Bord. Wenig Europäer würden solche Aufmerksamkeit für ihre Familie haben wie dieser Mann. Jeden Augenblick erhob er sich trotz seiner Pfeife und sorgte für sie. Die Frau war in einen dunklen Mantel und einen weißen Schleier vermummt, denn es wäre schrecklich unanständig, vor fremden Männern das Gesicht zu zeigen! Da man aber keine Strümpfe trägt, und da die weiten Pantalons nur bis zur Hälfte des Beins höchstens herabreichen: so präsentiert sich dieses mit einer Unbefangenheit, die wiederum bei uns entsetzlich unanständig wäre.

Konstantinopel ist ihr erstes Ziel im Orient. Sie beschreibt die Stadt nach ihrem ersten Eindruck, den sie vom Schiff aus gewinnt, zunächst als überaus malerisch. Später, nachdem sie an Land gegangen ist, nimmt sie kein Blatt vor den Mund und berichtet in einem Brief:

Mehr noch als die fürchterliche Unsauberkeit fällt mir die fürchterliche Unordnung auf. Dass die Straßen sehr schmal, sehr krumm, sehr steil aufsteigend sind, ist ihr geringster Fehler; der Rinnstein in der Mitte ist bei ihrer großen Schmalheit schon viel unbequemer; aber welch ein Steinpflaster! Das von Sevilla ist dagegen ein köstliches Parkett … Nun tritt nur ja nicht auf einen von diesen affrösen [abscheulichen], räudigen, verwilderten Hunden, denen es nicht einfällt, dir aus dem Weg zu gehen, die daher sehr oft getreten und gestoßen werden, dann mit ihrem Geheul die Luft erfüllen, und immerfort auf die widerlichste Weise dir ins Auge fallen.

Ida erkundet mit offenen Augen Konstantinopel, seine Sehenswürdigkeiten, seine landschaftliche Lage und seine Bewohner. Die leidenschaftliche Spaziergängerin schreibt an ihre Schwester:

Zum täglichen Schreiben komme ich nicht, liebes Clärchen. Ich werde hier müde – aber müde auf eine foudroyante [überwältigende] Weise! Die Entfernungen sind groß, die Anstrengung, sich durch die Straßen mit heiler Haut zu arbeiten, noch größer. In den Kaiks [schmalen Ruderbooten] sitzt ein europäischer Leib sehr unbehaglich, und weit mehr in einem hiesigen Fuhrwerk, und endlich, wenn man von mehrstündigen Streifzügen ganz matt ist, muss man diesen Berg von Pera zu guter Letzt erklimmen, um nach Hause zu kommen.

Besonderes Interesse bringt sie den Frauen entgegen, und noch bevor ihr ein Besuch in einem Harem gestattet wird, stellt sie folgende Überlegungen an:

Ich kann mir vorstellen, wie ein Harem das Brutnest aller bösen Eigenschaften wird, deren Keime im Charakter des Weibes schlummern. Immer von Nebenbuhlerinnen umgeben, immer umringt und bewacht von diesen Scheusalen, den Eunuchen, immer unbeschäftigt, muss Eifersucht, Neid, Bitterkeit, Hass, Lust an Ränken, grenzenlose Gefallsucht als helle Flamme aufschlagen. Man will die gehassten Nebenbuhlerinnen besiegen – das liegt in der Natur jedes Weibes! Und sage man immerhin, dass die Orientalinnen an den Harem gewöhnt sind und dass Gewohnheit alles erträglich, ja leicht mache, so ist das eine von den vielen halbwahren, abgebrauchten Phrasen … Der Harem ist die wahre Anstalt, um den Charakter der Frau zu verderben, und es ist wohl schade, dass er für europäische Augen mit undurchdringlichen Schleiern umgeben ist. Denn ich hoffe zwar einen Harem zu besuchen, damit ich türkische Frauen unverschleiert, im eigenen Hause, und zugleich ihr Benehmen gegen Fremde sehe; aber wie es für alle Tage darin zugeht, wie die Weiber sich untereinander vertragen, wie weit die Herrschaft der rechtmäßigen Frau – denn außer dem Sultan haben die Türken eine oder ein paar rechtmäßige Frauen – über die Sklavinnen sich erstreckt, die doch auch bei dem Herrn zur Ehre der Günstlingschaft gelangen: das bleibt ein Rätsel.

Ein anderes Rätsel, nämlich wie man sich Zutritt zu Moscheen und anderen Sehenswürdigkeiten verschafft, hat Ida bald gelöst:

Ein Zauberwort öffnete uns die Pforte, und da ich es schon öfter gehört habe, so habe ich es mir gemerkt; es heißt Bakschisch – auf Deutsch Trinkgeld. Da die Türken anfangen, der Zaubergewalt dieses Wortes zu verfallen: so wette ich darauf, dass in den nächsten zehn bis zwölf Jahren der Bakschisch die Pforten der Aja Sofia sprengen wird. Dies ist der einzige Zivilisationsfortschritt, dem ich eine glänzende Zukunft zu versprechen wage.

Weit weg vom »Zivilisationsfortschritt« und deshalb umso aufregender erscheint ein Besuch auf dem Sklavenmarkt.

Der Ort selbst ist nicht lieblich. Ein unregelmäßiger Platz, den dumpfe Galerien umgeben. In diesen Galerien sitzen die Verkäufer mit Kaffee und Tschibuk [Tabakspfeife], Aufseher, Kauflustige, Neugierige; und in den engen, dunklen, niedrigen Gemächern, welche eine Tür und vergitterte Fenster auf die Galerien haben, wird die edle Ware gehalten. Eine Gruppe ist in der Mitte des Hofes zur Schau gestellt – oder besser, gesetzt, denn sie kauert wie gewöhnlich auf Matten … Da sitzen sie! Ein grobes grauweißes Gewand verhüllt die Gestalt, bunte Glasringe umgeben die Handgelenke, bunte Glasperlen den Hals. Das Haar tragen sie kurz abgeschnitten; die deprimierte Stirn, tief eingedrückt über den Augenbrauen wie bei den Kretins, fällt zuerst auf, dann das rollende nichtssagende Auge, dann die Nase, die ohne Nasenbein eine unförmige Masse zu sein scheint, dann der Mund mit der affrösen tierischen Bildung der vorspringenden Kinnladen, mit den klaffenden schwarzen Lippen – (rote Mohrenlippen ist ein europäischer Schönheitsbegriff, den die Wirklichkeit nicht realisiert) – dann die langfingerigen äffischen Hände mit hässlich farblosen Nägeln, dann die spindeldürren Beine mit der heraustretenden Ferse; dann, und am meisten, das unerhört Tierische der ganzen Erscheinung, Form und Ausdruck inbegriffen.

Sie ist selbst überrascht, dass die angebotenen Sklavinnen mehr Widerwillen als Mitgefühl bei ihr hervorrufen, und so endet die Beschreibung mit folgendem Satz:

Wir sind von Staub und wir gehen zum Staube, aber für die paar Jahre, die ich lebe, danke ich denn doch meinem Schöpfer, dass es ihm gefallen hat, mir eine weiße Staubeshülle zu geben.

Auch die Türkinnen und Türken finden nicht unbedingt Idas Beifall. Sie sind ihr zu rundlich und krummbeinig, und außerdem hält sie den ständigen Genuss von Tabakspfeife und zuckrigem Naschwerk, dazu die Sitte, sich überall hinzukauern oder halb liegend zu lagern, für schädlich. Als es ihr endlich gelingt, einen Harem zu besuchen, schreibt sie ausführlich an ihren Bruder, dem ja solch ein Ort auf ewig verwehrt bleiben wird:

Mein lieber Bruder, so reizend du dir einen Harem vorstellen mögest – ich muss dir aufrichtig sagen: Hat man zwei besucht, so sehnt man sich nicht

nach einem dritten, und nur den ersten betritt man mit jenem Interesse, das auf der Unbekanntschaft beruht.

Nachdem sie detailliert den gastfreundlichen Empfang wiedergegeben hat, die Gastgeberinnen selbst und den für ihren Geschmack zu oberflächlichen Versuch der Konversation, stellt sie fest:

Am liebsten hätte ich gefragt: ›Aber vergeht Ihr denn nicht vor Langeweile in Eurer eintönigen Abgeschiedenheit, die Euch aller Teilnahme an dem Leben Eures Gatten beraubt? Ihr kennt nicht seine Freunde noch Feinde, nicht seinen Wirkungskreis, nicht seine Beschäftigungen, überhaupt nicht die Welt und die Verhältnisse, in denen er lebt. Nichts teilt er mit Euch und Ihr müsst ihn selbst mit Euren Sklavinnen teilen, – seid Ihr denn nicht einer so herabwürdigenden Existenz zum Sterben überdrüssig?‹

Kurz vor ihrer Weiterreise lernt sie einen Gärtner des Sultans kennen – er ist Deutscher und lädt sie zur Besichtigung des Sultanspalastes von Tschiragan ein, den sie schon häufig von außen bewundert hat. Doch die Innenausstattung der Gemächer ist enttäuschend, und in einem Brief an ihre Mutter bemerkt sie zum Schluss:

Hättest du dir vorgestellt, dass ich vom Serrai des Großherrn eine so magere Beschreibung liefern würde? Es ist aber wahrlich nicht meine Schuld! Ich weiß nun einmal nichts anderes von einem Gebäude ohne Geschmack, ohne Kunstschätze, ohne Erinnerungen zu sagen, und niemand kann es, wenn er der Wahrheit treu bleiben will.

So verlässt Ida, natürlich in Begleitung von Adolf Bystram, den sie allerdings in ihren Briefen so gut wie nie erwähnt, Konstantinopel ohne Trauer. Mit einem Dampfschiff geht es weiter nach Asien – über Smyrna, eine Stadt in Kleinasien, wo sie von großer Gastfreundschaft überrascht wird und die Frauen sie begeistern:

Ja, die sind wirklich wunderhübsch! Prächtig dunkle, große, lebhafte Augen und schöne regelmäßige, von Geist und Leben bewegte Züge. Sieht man sie an, so begreift man die alte ionische Schönheit. Dazu tragen sie ein Tuch ungemein graziös um die dunklen Haarzöpfe geschlungen, zuweilen von weißem Musselin mit bunten und goldenen Blumen in die Zipfel gestickt. Gott wie lieblich ist die Schönheit!

Nach einem kleinen Abstecher nach Zypern und Rhodos landet sie schließlich in Beirut. Dort wird sie gleich nach ihrer Ankunft von der Gattin des preußischen Generalkonsuls zum Essen eingeladen, worauf heitere Tage folgen.

Es ist alles leicht hier! Wenn man ausgeht, braucht man keinen Mantel für die Heimkehr am Abend mitzuschleppen; wenn man nicht im Sand gehen mag, besteigt man ein friedliches und flinkes Eselein und reitet zum Diner. Ich habe eine wunderschöne Zeit getroffen: die des Vollmonds. Er ist so hell, dass er den Gegenständen ihre Farbe gibt und sie nicht schwarz erscheinen lässt; die weiche warme Luft dazu – und die Nacht ist wirklich wie ein Tag ohne Sonne … Hammelfleisch ist sehr gut, nur außerordentlich fett, und daher muss man sich damit in Acht nehmen. Hühner sind ganz ungefährlich und kleine wilde Vögel, ungefähr halb so groß wie Lerchen, die man viel und gern isst. Von unseren Gemüsen gibt es wenig oder gar keine; man hat hingegen keine Mahlzeit ohne Reis und Tomaten. Diese sind wirklich die Kartoffeln des Morgenlandes, wenigstens so unentbehrlich, wenn auch nicht so nahrhaft; sie gehören ebenfalls zum Geschlecht der Nachtschatten, heißen mit ihrem botanischen Namen Solanum lycopersicum und auf Deutsch Liebesapfel, und haben eine ziegelrote Farbe, die sie allen Speisen mitteilen, zu denen man sie in Saucen oder sonst wie gebraucht.

Mit einem sogenannten Dragoman – er kümmert sich um alle Belange der Reise und spricht Türkisch, Arabisch, Griechisch, Französisch und Italienisch –, mit ein paar Knechten, zwei Zelten und genügend Proviant machen sich die Gräfin und der Baron am 9. Oktober 1843 auf nach Damaskus. Die Wanderung zu Pferd und zu Fuß ist spannend, aber anstrengend. Ida sieht zum ersten Mal Beduinen, und in einem arabischen Dorf sehen die Bewohner zum ersten Mal eine Europäerin. Die Frauen betasten aufdringlich ihre Handschuhe. Im Gegenzug hat Ida Gelegenheit, sie eingehend zu betrachten:

Der Gesichtsschnitt ist freilich ein ganz anderer als bei uns: Die Züge sind viel schärfer und bestimmter, und eben dadurch kommt etwas Grobes und Hartes ins Antlitz, das sich namentlich um den Mund bis zum Tierischen steigert. Ich habe sie nie anders als freundlich gesehen; im Zorn müssen sie Megären gleichen. Höchst auffallend ist mir der Mangel an jungen Gesichtern; Kinder und alte Frauen! – die Mittelstufe fehlt ganz. Außer den bemalten Händen tätowieren sie den Busen, den sie im Gegensatz zu dem halbverhüllten Gesicht ganz entblößen, mit verschiedenen dunkelblauen Zeichnungen, unter denen mir ein Palmbaum in der Mitte des Busens und auf jeder Brust ein Stern als eine beliebte auffiel.

Überall werden sie und der Baron mit offenen Armen empfangen. In einem Dorf werden sie sogar eingeladen, ihr Lager in der Mitte des Dorfes aufzuschlagen.

Allein weder ihre eigene noch ihrer Häuser Nähe ist wünschenswert – wegen des Ungeziefers – und wir ritten zum anderen Ende des Dorfes, wo wir auf den Trümmern einer kleinen Moschee am Ufer eines Nebenarmes des Barada haltmachten.

Nach insgesamt vier Tagen erreichen sie Damaskus. Da Ida viel von Fremdenhass gehört hat, ist sie ein wenig besorgt, ob sie gut aufgenommen werden. Sie finden Quartier in einer Casa Nova, einem zu einem Kloster gehörenden Gästehaus. Der preußische Konsul in Damaskus hat kein Schreiben vom Generalkonsul aus Beirut erhalten, das die Ankunft der Gräfin angekündigt hätte. Aber er bemüht sich nach Kräften, Ida ihren Aufenthalt so angenehm wie möglich zu machen, denn Damaskus selbst hat in Idas Augen nicht viel zu bieten.

In der ganzen großen Stadt Damaskus ist kein freier Platz, kein Ort, wo du Atem schöpfen und reine Luft genießen könntest. Überall bist du von Lehmmauern umgeben, und diese Mauern, die Häuser, die Dächer, die Straßen, die Menschen, die Tiere – alles staubt … Du gehst durch die Bazars, und Staub rieselt von oben auf dich herab; kurz, zu dieser Jahreszeit ist Damaskus eine trockene staubende Lehmgrube, in welche Gänge gegraben sind. So und nicht anders kommt mir in Wahrheit die Stadt vor.

Mit Hilfe des Diplomaten bekommt sie Zutritt zu den privaten, mehr oder weniger prunkvoll ausgestatteten Anwesen der Reichen und gewinnt Einblick in deren Lebensstil.

Hier begreife ich das recht gut für Frauen; sie rauchen aus Langeweile, und müsste ich so sitzen in meinem Hof zu Damaskus, neben einer Fontäne, unter Oleander und Orangen, morgens um 11 Uhr mit Diamanten aufgeputzt, die Hände im Schoß – Herzensmama, binnen Jahresfrist rauchte ich auch.

Auch macht sie Ausflüge in die nähere Umgebung und genießt die Früchte der überall wachsenden Aprikosenbäume. Dann, nach einer

Woche, geht die Reise zurück nach Beirut und von dort aus weiter nach Nazareth und Jerusalem. Man bewegt sich im Schutz zweier Beduinen, da es größere Unruhen in der Gegend gibt und die Beduinen schnell begriffen haben, dass die Eskortierung der Fremden ihnen Geld einbringt. Die Reise verläuft friedlich. Auf ihrem weiteren Weg werden sie von einer 30 Mann starken Beduinentruppe und Scheich Abdallah eskortiert. Dabei entwickelt Ida helle Begeisterung für deren Ausdauer, Fröhlichkeit und Geschmeidigkeit.

Es ist mir außerordentlich angenehm, von Menschen umgeben zu sein, bei denen das Geschöpf Gottes mir gefällt, seit Spanien habe ich dieses Vergnügen nicht gehabt. Ich nenne so den rohen Menschen – ich meine roh, wie man sagt rohe Seide, nicht präpariert –, von dem bei uns, die wir die glänzenden und verkümmerten Opfer unserer Bildung, unserer Kultur sind, nichts übrig bleibt. Wir sind liebenswürdig, geistreich, charmant, fein und tief, aber Geschöpfe Gottes sind wir im Grunde gar nicht mehr! Und ich gebe dir mein Wort darauf, dass ich all meinen Geist drum gäbe, wenn ich's sein könnte.

Ida ist so voll des Lobes für die Beduinen, dass ihre Begegnung mit einem ganzen Beduinenlager und die Möglichkeit, sie bei ihrem alltäglichen Treiben zu beobachten, zum emotionalen Höhepunkt ihrer Reise wird.

Um frei zu sein, muss sich jeder Einzelne im vollen Gefühl seiner persönlichen Unumschränktheit bewegen. Zur Freiheit gehört Vereinzelung. Beides genießt der Beduine; er fühlt sich als König in seinem Zelt; aber er und sein Zelt sind dermaßen in sich abgeschlossen, dass er nicht den Ring einer Kette, sondern einen isolierten Punkt bildet, der in sich selbst Anfang, Ergänzung und Ende hat. Der Beduine ist der individuellste Mensch, der sich als solcher fühlt und bereit ist, sich zu vertreten und überall durchzubringen … Ach die Beduinen! Friede über ihre Zelte, und Gott erhalte sie immer so wild und frei!

In Sesseln sitzend, die seitlich der Kamelhöcker befestigt sind, durchqueren sie von Gaza bis Kairo die Wüste, für Ida die anstrengendste Art des Reisens. Auch ihre Abneigung gegen die Kamele spielt dabei wohl eine Rolle.

Nicht nur die Pyramiden, die von unten und von oben eine überwältigende Aussicht bieten, sondern auch Kairo selbst trifft ganz Idas Geschmack.

Der Orientale ist nach Sonnenuntergang unter Dach und Fach und geht mit den Hühnern schlafen. Was soll er draußen anfangen? Es gibt nicht Schenken, nicht Bierstuben noch Weinhäuser, nicht Clubs, nicht Schauspiel noch Soireen, nichts von dem, was bei uns jedem, auf welcher Stufe der bürgerlichen Leiter er stehen möge, Zerstreuung oder Lockung darbietet … Aus Langeweile heiratet ein Mann, und aus Notwendigkeit begibt er sich allabendlich aufs Pünktlichste pflichtgetreu in seinen Harem, weil er nirgends sonstwo seine Zeit hinbringen könnte.

Im Hafen von Kairo mieten sie nach reiflicher Überlegung eine große Barke mit einer 20 Mann starken Besatzung und fahren gemächlich den Nil hinauf bis Luxor.

Liebste Emy, Theben übersteigt jedes Maß, übertrifft jede Vorstellung, welche man in seiner Phantasie mitbringt. Die Anlage von Theben entsprang einem solchen Riesengeist, dass ich gern bereit bin, ihn für einen Sohn des Amon zu halten.

So groß Idas Begeisterungsfähigkeit bei der Besichtigung sämtlicher Tempel- und Grabanlagen in Ägypten auch ist, als sie nach zehn Monaten die Heimreise über Griechenland antritt, verliert sie in Athen jeglichen Schwung. Ein deprimierendes Unbehagen lässt sie erstarren. Erst als sie Wochen später Triest erreicht, schreibt sie an ihre Mutter:

Europa trat mir so widerlich entgegen wie ein fader, abgebrauchter Mummenschanz, den man bis zum hellen Morgen ausgedehnt hat. Ach, liebe Mutter! Du kannst dir nicht vorstellen, wie still man zurückkehrt von den stillen Ufern des Nil, den stillen Königsgräbern, den stillen Pyramiden und Sphinxen.

Nicht, dass die Griechen Ida nicht gefallen hätten! Sie findet sie schön, fast schon vollkommen, und ihre Architektur zur höchsten Harmonie vollendet. Aber die Gräfin befindet sich am Ende ihrer großen Reise, und voller Wehmut kehrt sie dem Orient den Rücken.

Ach, wie bedürfnislos ist der Orientale! Am eigenen Überfluss muss Europa untergehen. Was sein Stolz und Triumph ist, wird sein Verderben werden.

Schon während sie unterwegs ist, wird in den *Blättern für literarische Unterhaltung* über ihre Orientreise berichtet, und als die abenteuerlustige Gräfin – noch im Jahr 1844 – ihre *Gesammelten Briefe aus dem Orient* als Buch herausbringt, erntet sie damit großen Beifall. Bis 1849, als ihr Lebenspartner Adolf von Bystram stirbt, führt Ida ihr unruhiges Leben weiter und verweilt nie länger an einem Ort. Der plötzliche Tod des treuen Barons stürzt Ida in eine tiefe Krise. Sie zieht sich für ein Jahr in ein französisches Kloster zurück und tritt zum katholischen Glauben über. Von einem Teil ihrer bisherigen Veröffentlichungen distanziert sie sich und gründet 1851 sogar ein Kloster in Mainz, eine Rettungsstätte für gefallene Mädchen. Sie selbst wird jedoch keine Nonne und schreibt auch weiterhin Romane, allerdings religiöser Natur. Bis zu ihrem Tod 1880 lebt sie in der Abgeschiedenheit ihres Klosters. B. A.

Ein Künstlerleben

Lise Cristiani (1827-1853)

Französische Violoncellistin

Felix Mendelssohn Bartholdy hat ihr sein *Lied ohne Worte* in D-Dur op. 109 gewidmet, und ein Violoncello von Stradivari trägt noch heute ihren Namen. Den Namen, den sie im zarten Alter von 17 Jahren annimmt, weil er interessanter, italienischer und gefälliger klingt als ihr eigentlicher, und unter dem sie öffentlich auftritt und berühmt wird: Lise Cristiani.

Am 24.12.1827 (ein Christkind) in Paris geboren, wird sie auf den wohlklingenden Namen Elise getauft; ihr Nachname ist Chrétien. Da ihre Eltern jedoch früh sterben, wächst sie bei ihrer Großmutter mütterlicherseits, der Schauspielerin Agathe Marie Richard, und deren Ehemann Nicolas Alexandre Barbier auf. So kommt zu dem elterlichen »Chrétien« noch das großelterliche »Barbier«. Nicolas Alexandre Barbier, geboren 1789, ist Maler und Zeichenlehrer; außerdem hat er einen Sohn, Jules Paul Barbier, der nur zwei Jahre älter ist als Elise. In einem künstlerischen Umfeld, mit einem anderen Kind an ihrer Seite, entdeckt Elise früh ihre musischen Fähigkeiten. Die Großeltern nehmen die Neigung und die Begabung der Kinder ernst und fördern sie. Zu Anfang erhält Elise Unterricht in Gesang, Tonsatz und Klavier. Doch dann entdeckt sie mit knapp 14 – sie spielt schon seit mehreren Jahren Klavier – das Cello für sich. Obwohl dieses Instrument für Frauen als unschicklich gilt, lassen die Großeltern Elise von Bernard Benazet als Violoncellistin ausbilden. Während sich Jules Paul Barbier zu einem erfolgreichen Dramatiker und Librettisten entwickelt, wird aus Elise Chrétien eine berühmte Solo-Violoncellistin: Lise Cristiani.

1844 wagt sie es, als erste Frau mit einem Cello öffentlich aufzutreten. Lise Cristiani gibt Konzerte in Paris, Rouen und Brüssel, und bald hat sie die Kosten für ein Stradivari-Violoncello aus dem Jahre 1700 eingespielt. Eine erste echte Konzertreise bringt sie über Wien und Linz nach Deutschland. Sie tritt in Regensburg, Nürnberg und Baden-Baden auf, und überall erregt sie Aufsehen. Die Neugier und die Aufregung gelten allerdings weniger ihrem musikalischen Können als der skandalösen Tatsache, dass sie, für jedermann sichtbar, das Cello zwischen den Knien hält, wenn sie spielt. Als sie schließlich von Leipzig nach Berlin kommt, schreiben die Zeitungen:

Eine Violoncellistin, aus Paris, hübsch und jung, in Berlin, noch gar nicht dagewesen – das musste aufs Höchste spannen und interessieren. Gelesen hatte man schon viel über die originelle Erscheinung, man hatte sie in den Illustrations de Paris abgebildet gesehen, sie hing, kaum in Berlin angelangt, an allen Bilderläden in einer geschmackvollen Lithographie aus; – man musste sie sehen, – sehen, wie sie den Bass halten würde; das war die Hauptsache … Die meisten glaubten, es müsse etwa frivol aussehen, indem sie ganz und gar vergessen hatten, dass Dem. Cristiani eine Dame sei und für ihren speziellen Zweck ein weithinwallendes Kleid trägt, wodurch alle Konturen des Körpers verschleiert, und dass es daher notwendig weit hübscher und graziöser aussehen muss, wenn eine Dame, als wenn ein Mann das Violoncell zärtlich umkniet.

Die Auftritte von Lise Cristiani werden groß angekündigt, und der Besuch ihrer Konzerte wird ein gesellschaftliches Muss. Auf einer Welle von Erfolgen reist sie nach Stettin, Kiel, Freiberg, Frankfurt, Dresden, Magdeburg und wieder zurück nach Berlin. Nachdem sich die Aufregung um die weibliche Cellistin etwas gelegt hat, begreifen Publikum und Presse, dass Lise Cristiani tatsächlich eine virtuose Musikerin ist. Allerdings ist ihr Vortrag nicht völlig unumstritten. Werden einerseits ihr sicherer Takt, ihre Anmut, Zartheit und Wärme gelobt, so wirft man ihr andererseits auch Monotonie und Kraftlosigkeit vor. Mögen ihr Anblick und ihr Spiel fein, zierlich und elegant sein, Lise selbst hat eine zähe Natur, der das beständige Reisen mit Postkutschen und dicht aufeinander folgende Auftritte nichts anhaben können. Auf einer weiteren Konzertreise 1846, die sie von Berlin über Hamburg bis nach Kopenhagen führt, wird sie vom dänischen König zur Kammervirtuosin ernannt. Zu guter Letzt spielt sie noch in Stockholm und kehrt dann für weitere Auftritte – in Weimar, Berlin und Potsdam – nach Deutschland zurück.

Lise Cristiani ist gerade mal 20 Jahre alt, und schon wieder rüstet sie sich für eine Konzertreise. Diesmal liegen Breslau, Posen, Danzig, Königsberg und Riga auf ihrer Route. Den abschließenden Höhepunkt soll Sankt Petersburg darstellen, doch die gewohnten Erfolge bleiben aus. Die Zeitungen berichten zwar von enthusiastischem

Beifall, aber vor allem von sehr spärlich gefüllten Konzertsälen. Doch Lise Cristiani lässt sich nicht so schnell entmutigen, und nach ein paar Auftritten im benachbarten Pawlowsk beschließt sie, statt die Heimreise anzutreten, weiter nach Osten vorzudringen. Inspiriert von dem französischen Russlandreisenden François Servais – ebenfalls ein Violoncellist – reist sie in Begleitung ihrer russischen Kammerzofe und ihres schon leicht betagten französischen Pianisten bis Irkutsk, der zweitwichtigsten Stadt Sibiriens. Irkutsk liegt am Zusammenfluss dreier Ströme, hat stattliche 20.000 Einwohner, ein Theater, eine deutsche Gemeinde und einen Bischofssitz. Es stellt durchaus noch ein Stück europäische Zivilisation dar. Wenige Meilen entfernt liegt der Baikalsee, und hinter dem Baikalsee liegt Kjachta. In Kjachta stößt russisch-europäische Kultur auf chinesische, denn Peking ist nur noch 160 Meilen weit entfernt. Lise Cristiani packt ihre Stradivari ein, die Kammerzofe und den Herrn Pianisten dazu, und wagt die riskante Fahrt in billig gebauten Booten über den tiefen, von Winden heimgesuchten See. Die Landung erweist sich als besonders schwierig, und nur die Andersartigkeit von Kjachta entschädigt die Reisenden für die erlittene Seekrankheit.

Eine geschlossene Esplanade trennt die beiden Städte; auf der russischen Seite gibt es ein Stadttor nach europäischer Art mit einer Wache, auf Seite der Chinesen ein schönes Tor in ihrem Architekturstil mit Inschriften und mythologischen Figuren. Wenn man Mai-Ma-Tchin [den chinesischen Stadtteil von Kjachta] betritt, ist man frappiert vom Unterschied des Anblicks, den eine chinesische Stadt im Vergleich zu den unsrigen bietet. Die Straßen sind gradlinig, aber eng und sehen aus wie eine lange Mauer, die nur hin und wieder von Pforten für Kutschen unterbrochen wird, denn in China ist es üblich, sein Zuhause hermetisch abzuriegeln und nichts von dem nach außen dringen zu lassen, was innen geschieht.

Unter Begleitschutz eines hochrangigen russischen Offiziers erfährt Lise Cristiani eine freundliche Begrüßung durch die Chinesen, und ein Dolmetscher erleichtert die Verständigung. Ihr Besuch verursacht einiges Aufsehen, und als sie gefragt wird, was der Grund für ihre ungewöhnliche Reise ist, gibt sie einfach pure Neugier an. Ihr zu Ehren wird ein umfangreiches Diner veranstaltet. Auf insgesamt 52 Untertassen werden unterschiedliche Speisen gereicht, und mit acht verschiedenen Fleischsuppen wird das Essen beendet.

Unser Brot hatten wir mitgebracht, denn die Chinesen verwenden keins; alle Augenblicke reichte man den einzelnen Gästen kleine Stücke Seidenpapier zum Mundabwischen. Das Getränk bestand aus einer Art süßem Reisschnaps von sehr unangenehmem Geschmack. Während des Essens gab es kein Wasser, und die Gläser waren nicht größer als französische Likörgläser. Sicherlich ist ein chinesisches Mahl für einen Europäer und besonders für einen Franzosen kein gastronomisches Meisterwerk; aber es gibt gewisse

Gerichte, wie zum Beispiel Schweinemett und Gebäck, die sehr gut schmecken. Die chinesische Küche ist mehr auf Vielfalt denn auf Menge ausgerichtet, und sie wäre wirklich passabel, wenn sie weniger fett wäre und wenn die Gewürze und besonders der Knoblauch weniger großzügig verwendet würden, und wenn weniger Schweinefleisch, das sie bevorzugen, verwendet würde.

So sehr sie bei der Besichtigung des Tempels von Kjachta ins Schwärmen gerät, so sehr entsetzt sie bei einer Theateraufführung die Musik, die sie »Krach« nennt, und es sind ganz andere Elemente, die ihr Lob entlocken.

Sie haben einen näselnden Tonfall, sie sprechen pures Chinesisch, und wir erlebten keinen, der Talent erkennen ließ, aber im Ausgleich dazu sind ihre Kostüme, die aus alten chinesischen Stoffen hergestellt sind, die man sogar im Innern des Reiches sehr schwer findet, von bemerkenswerter Schönheit. In dem kleinen Stück, einer lächerlichen, sowohl was die Gesten als auch die Worte betrifft, anstößigen Farce, gab es Frauen, die so gekleidet waren, wie sie es heutzutage sind … Was die Frisuren betrifft, so bestehen sie aus einer Art Knoten, in dem die Haare zusammengefasst werden und der hinten mittels eines kostbaren Kammes festgesteckt wird; vorne werden die Haare aus der Stirn gekämmt und entweder oben auf dem Kopf oder auf der Seite mit einer großen Spange zusammengefasst und immer mit echten Blumen geschmückt; keine einzige chinesische Frau, gleich welchen Alters oder welcher Herkunft, wird es versäumen, sich damit zu schmücken. Das passt sehr gut zu den hübschen Gesichtern, die in China nicht selten sein sollen.

Lise Cristiani ist überrascht, wie isoliert ihre Gastgeber vom Rest der Welt leben: Offensichtlich wussten sie nicht einmal von der Existenz des französischen Volkes. Im Gegenzug überrascht sie selbst mit Kostproben ihres Könnens, und schon bald treffen Einladungen der nomadisierenden Stämme Sibiriens ein. Schnell hat sich der Ruf der ungewöhnlichen Europäerin bis in die hintersten Winkel Sibiriens verbreitet. Ihr wird nun nicht nur die Ehre einer 300 Mann starken Eskorte zuteil, sondern auch die Teilnahme an den Bestattungsritualen für einen Stammesführer in einem mongolischen Tempel.

Der Haupttempel ist in drei Teile untergliedert: die Säulenhalle, in der die Votiv-Tafeln aufgestellt sind, die Opfergaben um einen sich drehenden Zylinder herum, der Glocken in Bewegung setzt – das Schiff, in dem die Lamas, im Schneidersitz hockend, entweder heilige Hymnen nach Rhythmen psalmodieren, die unseren Kirchengesängen unglaublich ähneln, oder sie spielen teuflische Sinfonien auf unmöglichen Instrumenten, die für die Ohren des Zuhörers unglücklicherweise eine erstaunliche Ähnlichkeit mit denjenigen der Chinesen haben.

Aber nicht nur zu Tempelanlagen, sondern auch zu einfachen Jurten erhält sie Zugang.

Ihre Jurten sind wie diejenigen der Kirgisen, bestehend aus einem Holzgitter, das mit einem hermetisch geschlossenen Filz abgedeckt wird, was die Behausung sehr warm macht, selbst in strengen Wintern. An den Jurtenwänden befinden sich der Altar, die Truhen mit Kleidung, das Bett usw.; in der Mitte ist eine Feuerstelle, von der Rauch durch ein oben gelassenes Loch abzieht.
In den Jurten wurden wir den buriatischen Damen vorgestellt. Ihre Kleidung gleicht in der Form sehr derjenigen der Chinesinnen; der Stoff besteht aus dunkelblauer mit Gold durchwirkter Seide und der Schmuck an Kopf, Ohren und Hals aus Korallen, die mit Gold und Silber verziert sind. Diese Gewandung stünde hübschen Frauen gut, bis auf die unbetonte Taille; aber die buriatischen Frauen sind wirklich hässlich mit ihren hervorstehenden Wangenknochen und ihren Schlitzaugen, deren äußerer Winkel bis in die Mitte der Schläfen reicht. Die Männer sehen viel besser aus; man sieht ihrer freien und kriegerischen Haltung an, dass sie wirklich von Dschingis Khan abstammen.

Obwohl Lise Cristiani mit den sibirischen Nomadenstämmen auf Tuchfühlung geht, versteht sie nicht, warum diese sich nicht auf das Angebot der russischen Regierung einlassen und sesshaft werden. Sie hält sie für freundliche, handwerklich geschickte Leute, jedoch primitiv und unzivilisiert.

Zurück in Irkutsk dauert es nicht lange und sie schmiedet neue Reisepläne. Im Auftrag der russischen Regierung startet eine Expedition zur Mündung des Amur, um das Gebiet zu besetzen. Mit Geschenken will man die »Wilden« der Gegend positiv stimmen, und man geht davon aus, dass die Chinesen nichts gegen die Annexion eines Ufers einwenden werden, zumal man ihnen sagen wird, dass es zu ihrem Schutz vor den Engländern geschehe. Diesem Abenteuer möchte sich Lise Cristiani anschließen – selbstverständlich mit der Stradivari im Gepäck.

15. Mai 1849. – Nun habe ich mich noch einmal für eine verrückte Unternehmung eingeschifft. Ich gebe zu, dass ich mit Vergnügen eine Reise beginne, die die Originalität meines Künstlerlebens vervollständigen wird: Nichtsdestoweniger denke ich mit einem schmerzlichen Gefühl an die zweitausend Meilen, die ich den dreitausend, die mich von meiner Heimat trennen, noch hinzufügen werde.

Nach aufwendigen Abschiedsfeierlichkeiten bricht die Expedition etwas verspätet auf und fährt auf dem Fluss Lena 20 Tage lang bis nach Jakutsk, wo sie am 21. Juni großartig empfangen wird. Die Unterkünfte sind sehr bequem. Besonders entzückt ist Lise Cristiani von ihrer Gastgeberin:

Unsere Gastgeberin hat Jakutsk niemals verlassen, sie hatte einen vollendeten Ton, eine natürliche und charmante Vornehmheit; ihre Kleidung von erlesenem Geschmack besteht aus einem Kleid von brauner China-Seide, aus einem Schulterumhang des gleichen Stoffes, geschmückt mit ebensolchen Bändern, mit einem kleinen flachen Kragen, die Haare einfach zusammengebunden; das Ganze wirkt sehr sauber und keinesfalls herausgeputzt.

Aber schon bald geht die Reise weiter nach Ochotsk, wo bereits ein Schiff auf die Gruppe wartet, um sie über den Pazifik nach Petropawlowski an die äußerste Grenze Asiens zu bringen.

Während der Überfahrt bieten spielende Wale amüsante Abwechslung, bis eines Nachts einer der Kolosse unter das Boot taucht und ihm einen ordentlichen Stoß versetzt. Allen ist der Schreck in die Glieder gefahren.

Jeder, von einem gemeinsamen Gefühl der Vorsicht in Bann gezogen, beginnt leise zu sprechen, aus Angst, das beeindruckende Tier, das uns trug, aufzuschrecken. Nachdem er Atem geholt hatte, stürzte sich der Wal schließlich in die Tiefe und hinterließ dabei einen breiten Strudel. Wir sahen ihn erst bei Tage wieder, eine Seemeile von uns entfernt, wie er sich den Rücken sonnte. Wie am vorangegangenen Abend hatte Stradivarius seine anrührendsten Melodien in den Wind und das bewegte Wasser geworfen, wir vermuteten, dass der Wal von diesen ungewohnten Tönen angelockt worden war; ein Naturforscher, der uns begleitete, sagte nicht nein, und von diesem Moment an machte sich an Bord die Meinung breit, dass Wale, ebenso wie Schildkröten, Dilettanten ersten Ranges seien.

Petropawlowski hat fast 4000 Einwohner und ist die Hauptstadt der Halbinsel Kamtschatka. Eigentlich ist es von Kosaken erobertes Gebiet, doch es gibt immer noch Ureinwohner, die von Jagd und Fischfang leben, dem Schamanentum anhängen und sich im Winter in unterirdische Wohnungen zurückziehen. In seinem Naturhafen wird alles angeboten, was das Herz begehrt, und Lise Cristiani bewundert während ihres dreitägigen Aufenthaltes nicht nur Schlittenhunde oder kostet Bärentatzen, sondern besucht auch ein Fest nach dem anderen. Außerdem gibt sie ein Konzert. Es ist einer ihrer 40 Auftritte in Sibirien. Dann müssen die Reisenden sich wieder einschiffen, und die 50-tägige Reise bis zur Mündung des Amur unterbrechen sie nur einmal bei Kap Elisabeth.

Wir gingen an Land, wo wir uns wirklich Wilden gegenübersahen, ganz sanften Menschen übrigens, die keineswegs den Eindruck vermittelten, dass sie uns verspeisen wollten. Wir tauschten mit ihnen einige Dinge aus. Anstelle von Geld bevorzugten sie Uniformknöpfe, ein wenig Tabak, Glasschmuck, Lumpen; sie versorgten uns reichlich mit frischem Fisch und überließen uns einigen Nippes; ich meinerseits erhielt ein äußerst seltsames Etui. Übrigens haben wir in dieser gesamten kleinen Welt, die von Gottes Gnaden lebt,

kein einziges weibliches Exemplar entdecken können. Diese Damen waren, durch unsere Ankunft aufgescheucht, gänzlich verschwunden. Aber nach den Ehemännern zu urteilen, musste die schönere Hälfte des Geschlechts sehr schmutzig und sehr hässlich sein, und vermutlich ist uns an ihnen nicht viel verloren gegangen.

Es ist bereits Oktober, als die Expedition den kleinen Hafen Ayane erreicht. Die Strecke nach Ochotsk müssen sie zu Pferd bewältigen, und das stellt sich als schwieriges und strapaziöses Unternehmen heraus. Kälte, Hagel und Schneeverwehungen erschweren den Anstieg auf felsige Höhen. Schließlich gehen die Packpferde mit den Vorräten verloren und die Reisenden bekommen den Hunger zu spüren. Abends gelangen sie zu »Wilden«, die sie aufnehmen und verköstigen, doch am nächsten Tag trennt sich Lise Cristiani unglücklicherweise von der Gruppe. Fast hätte sie sich verirrt, als ein Untergebener des Generals zufällig auf sie stößt und sie sich an seine Fersen heftet. Es folgt ein unglaublicher Ritt, eine der dramatischsten Passagen in Lises Bericht und vielleicht ein treffendes Bild für das halsbrecherische Tempo ihres ganzen Lebens.

Da fliegt mein Mann im schnellen Trab seines Reittieres vor mir her; ich folge ihm durch den immer undurchdringlicher werdenden Sumpf; ich hoffe, dass er sein Tempo drosseln wird; aber nichts dergleichen, immer dieselbe Gangart: unsere Pferde stürzen, wälzen sich, machen tausend Sätze und Sprünge, mal nach rechts, mal nach links, um zu vermeiden, dass sie in den Sumpf sinken oder sich dem Hagel von Peitschenhieben aussetzen, die auf sie niederprasseln. Nichts hält meinen Begleiter auf, nichts hält mich auf. Auf den Sumpf folgt ein Berg, ein steiler Abhang mit Felsbrocken folgt auf den Berg; unsere völlig erschöpften Reittiere widersetzen sich der Geschwindigkeit unseres Rittes; mit heftigen Schlägen der Nagaika treiben wir sie an: mein Begleiter rast immer noch, ich folge ihm getreulich.

Lise Cristiani ist selbst ganz überrascht, dass sie den tollkühnen Ritt überlebt und schließlich über einen Nebenarm der Lena unversehrt nach Jakutsk zurückkehrt.

Nur übersteht sie letztendlich ihr sibirisches Abenteuer leider nicht. Die Strapazen dieser einmaligen Reise hinterlassen ihre Spuren. Auf ihrer Heimreise 1853 erkrankt Lise in Nowotscherkask an der Cholera. Schon nach wenigen Tagen erliegt sie der Krankheit und stirbt im Alter von kaum 26 Jahren. Die Stradivari jedoch trifft wieder in der Heimat ein und behält ihren Namen: Cristiani. B. A.

Rosskur im Wilden Westen

Isabella Lucy Bird Bishop
(1831-1904)

Englische Reiseschriftstellerin

Isabella Bird ist ein kränkliches Geschöpf. Von Kindheit an leidet sie an unbestimmbaren Rückenschmerzen, selbst eine Operation bringt keine Besserung. Zu den Rückenbeschwerden kommen chronische Kopfschmerzen und Schlaflosigkeit. Leiden, die Isabella später selbst als »teilweise psychologisches Problem« einschätzen wird.

Die Pfarrerstochter ist gezwungen, immer mehr Zeit im Liegen zu verbringen, sie wird mürrisch und reizbar. Schließlich überzeugt der Hausarzt die Eltern davon, dass ihre Tochter Luftveränderung braucht, und empfiehlt eine Seereise – ein gängiges Heilmittel für leicht überspannte junge Damen. Und o Wunder, kaum liegt England hinter ihr, sind die Beschwerden wie weggeblasen. Miss Bird hat ihr persönliches Heilmittel gefunden: das Reisen.

In den nächsten Jahrzehnten unternimmt sie immer abenteuerlichere Reisen. Sie besteigt den höchsten Vulkan Hawaiis, galoppiert mit amerikanischen Cowboys um die Wette, wagt sich in unerforschte Gebiete Japans und Chinas. Um ihre Schwester Henrietta an ihren Erlebnissen teilhaben zu lassen, schickt sie ihr ausführliche Lageberichte, die zur Grundlage ihrer Bücher werden. Die lebhaften Reisebeschreibungen finden ein begeistertes Publikum. 1879 schreibt das britische Magazin *Spectator*: »Nie hat jemand solche Abenteuer erlebt wie Miss Bird!«

Als Isabella sich 1854 zum ersten Mal auf die Reise macht, ist sie 23 Jahre alt. Ihre Biographin Anna Stoddart beschreibt sie als auffallend zart und klein, kaum 1,50 Meter groß, mit schmalem Gesicht und großen, strahlenden Augen. Das zarte Wesen besitzt eine Schiffspassage nach Neufundland, 100 Pfund Taschengeld und die Erlaubnis, so lange zu bleiben, wie sie will – eine kleine Sensation zu Zeiten, in denen junge Damen sonst keinen Schritt ohne Anstandsdame machen können.

Isabella reist von Boston nach Cincinnati und zurück nach New York, fasziniert von den beeindruckenden Landschaften und den Begegnungen unterwegs. 1856 erscheint ihr erstes Buch über diese Reise: *Eine Engländerin in Amerika*. Darin berichtet sie, wie ihr bewusst wird, dass sie ihr altes Leben nicht einfach wieder aufnehmen kann:

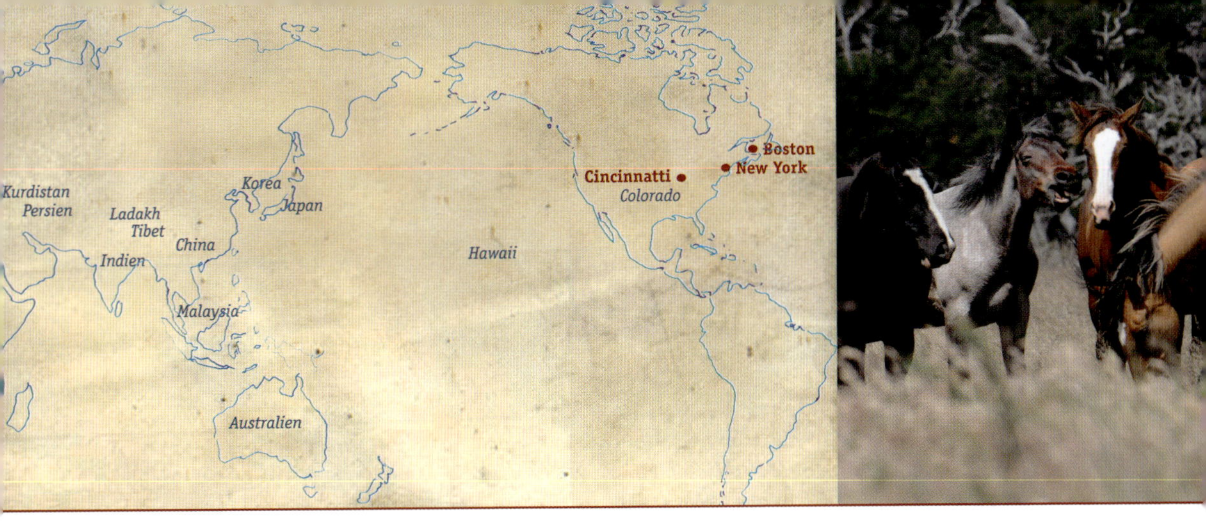

Eine vollkommene Revolution hat in meiner Art zu denken stattgefunden, seit ich am Ufer der neuen Welt gelandet bin.

Tatsächlich kehren zu Hause bald die alten Krankheitssymptome zurück. Dennoch versucht Isabella lange, ihren Freiheitsdrang zu unterdrücken. Als 1858 ihr Vater stirbt, lässt sie sich in Edinburgh nieder, füllt ihre Zeit mit Schreiben und sozialem Engagement. Nach dem Tod der Mutter richtet sie sich mit Henrietta ein Cottage auf der schottischen Insel Mull ein. So vergehen 16 Jahre, in denen sich ihre Gesundheit dramatisch verschlechtert. Sie wird von Schmerzen, Ängsten und Schlaflosigkeit gequält, zeitweise muss sie eine Kopfstütze tragen, um ihren Rücken zu entlasten. Oft ist sie zu schwach, um auch nur den Kopf zu heben. Letzten Endes ist ihr dieser Zustand so unerträglich, dass sie trotz aller Beschwerden wieder auf Reisen geht.

Im Sommer 1872 schifft sie sich im Alter von 40 Jahren nach Australien und von dort aus zu den Sandwich-Inseln ein, dem heutigen Hawaii. Auf dieser Reise kehren ihre Lebensgeister wieder:

Endlich, ich bin verliebt, der Gott des Meeres hat mein Herz gestohlen und bis tief in meine Seele von mir Besitz ergriffen.

Die paradiesischen Strände und die Liebenswürdigkeit ihrer Gastgeber auf Hawaii tun ein Übriges:

So herzlich aufgenommen zu werden, ist ungemein wohltuend und beglückend. Das gibt mir das Gefühl, eine überaus sympathische, überaus angenehme, überaus geistreiche Person zu sein!

Zu Pferd erforscht Isabella die wilde, grüne Landschaft – bevorzugt im Westernsattel, der ihrem Rücken viel besser bekommt als der Damensitz. Aus Rücksicht auf die gebotene Schicklichkeit trägt sie über langen Pluderhosen einen weiten, an den Knöcheln befestigten Rock. Später besteht sie darauf, dieses Reitkostüm auf dem Titel ihres Buches abbilden zu lassen, um das ehrenrührige

Gerücht aus der Welt zu schaffen, sie würde in Männerkleidung reiten – indiskutabel zu Zeiten, in denen selbst die Männer ihre Beinkleider nur »die Unaussprechlichen« nennen. Von Freiheit berauscht, schreibt sie der Schwester:

> *Wie gut das tut! Wie unglaublich gut! Ich habe mich benommen, wie ich es in Begleitung anderer Europäer niemals gewagt hätte, über Berg und Tal galoppieren zum Beispiel, und schreien, um mein Pferd anzufeuern, und andere ausgelassene Dinge.*

Die vormals so kränkliche Lady ist nun nicht mehr wiederzuerkennen. Mit dem britischen Konsul, einem bekannten Vulkanologen, und einheimischen Führern besteigt sie den 4000 Meter hohen Vulkan Mauna Loa. Seitenlang schildert sie Henrietta die Nacht auf dem Gipfel, das in allen Rottönen glühende Licht, das sich über den Kraterrand ergießt, und den gefährlichen Abstieg. Doch als die jüngere Schwester, von den hymnischen Beschreibungen verführt, nach Hawaii kommen will, schreibt die Ältere postwendend zurück:

> *Ich werde schon in den Rocky Mountains sein, wenn dich meine eilig geschriebene Antwort erreicht.*

Nein, bei aller Liebe – Isabella Bird reist lieber allein. Tatsächlich dauert es aber noch Monate, bis sie im September 1873 in Colorado aus dem Zug steigt:

> *Wir hatten direkt vor einem primitiven Westernhotel angehalten, in dem sich in der halboffenen Hausfront eine Bar befand, gedrängt voll mit trinkenden und rauchenden Männern. Um ein paar Riesenfeuer aus munter brennenden Fichtenstämmen hatten sich Gruppen von Holzfällern geschart. Eine Kapelle spielte lautstark, und etwas weiter weg hörte man den unheilvollen Klang von ›tom-toms‹ [Trommeln]. Die Sierras schienen die Stadt wie eine Mauer zu umgeben. Riesige Fichten hoben sich deutlich gegen einen Himmel ab, von dem der Mond und die Sterne frostig herabblickten.*

Colorado ist noch ein Stück wilder, gesetzloser Westen: »Wer noch nie einen anderen umgelegt hat, gilt in gewissen Kreisen als

Niemand!«, berichtet Isabella. Die Städte sind Barackensiedlungen, es gibt kaum Straßen, die diesen Namen verdienen. Doch die Bergeinsamkeit der Rocky Mountains schlägt Isabella in ihren Bann. Über einen schmalen Bergpfad gelangt sie nach Estes Park, einem Hochtal, von dessen unberührter Schönheit sie bereits gehört hat.

Ich habe endlich den Ort gefunden, den ich immer gesucht habe, die Wirklichkeit übertrifft meine kühnsten Träume … Ich führte mein Pferd über wundervolle Anstiege, bei denen sich ein phantastischer Ausblick nach dem anderen auftat; die Luft wurde mit jeder Meile dünner und reiner, das Gefühl der Einsamkeit immer ausgeprägter.

Der Ranger Griff Evans und seine Familie nehmen sie freundlich auf und vermieten ihr eine kleine Blockhütte am See. Isabella ist wunschlos glücklich. Bei den offenherzigen Evans fühlt sie sich wohl, reitet mit den Cowboys dem Vieh hinterher und freut sich über das Kompliment, »brauchbar wie ein Mann« zu sein. Während Evans seine Familie ins Winterquartier nach Denver bringt, verbringt sie den halben Winter mit zwei jungen Männern auf der zeitweise von der Außenwelt abgeschnittenen Farm, versorgt Pferde, Kühe und Hühner. Wenn der Schnee nachts durch die Ritzen dringt, kann sie nur die Bettdecke über den Kopf ziehen. Morgens ist ihr Haar steifgefroren und das Waschwasser zu Eis erstarrt.

Das alles nimmt sie auch deshalb hin, weil sie einen interessanten Mann kennengelernt hat: den berühmt-berüchtigten Desperado Rocky Mountain Jim, der in einer Hütte am Eingang von Estes Park lebt und sich seinen Lebensunterhalt als Trapper verdient. Isabellas ausführliche Beschreibung verrät, welchen Eindruck Jim auf sie gemacht hat:

> *Schätzungsweise war er 45 Jahre alt und musste früher außerordentlich gut ausgesehen haben. Seine großen tiefliegenden Augen waren graublau, die Augenbrauen deutlich gezeichnet, die Adlernase vornehm, der Mund schön geschwungen. Unter seiner Jägermütze schauten ungepflegte dunkelblonde Locken heraus und fielen ihm bis auf die Schultern. Ein Auge fehlte ihm völlig, was die eine Seite seines Gesichts abstoßend machte, während die andere wie aus Marmor gehauen wirkte.*

Jim Nugent alias Mountain Jim scheint ein widersprüchlicher Charakter zu sein. Er beeindruckt seine Nachbarn mit seiner Bildung und vornehmen Art, doch gleichzeitig erschreckt er sie mit seinem oft brutalen Verhalten. Am Morgen spielt er mit den Kindern und schreibt Oden an den Wald, am Abend ergibt er sich dem Whisky und schießt wild um sich. Isabella gegenüber benimmt er sich wie ein Gentleman, ein Feingeist, der sie mit selbstverfassten Gedichten für sich einnimmt. Doch Griff Evans, der Ranger, warnt sie: Sobald Mountain Jim getrunken habe, werde er »zum schlimmsten Rowdy von ganz Colorado«.

Das hält Isabella nicht davon ab, mit Mountain Jim den Long Peak zu besteigen, den höchsten Gipfel am Rand von Estes Park. Eine dreitägige Extremtour, nach der sie bekennt, sie hätte wohl nicht einmal den halben Weg geschafft, »wenn Jim mich nicht nolens volens mit Geduld, Geschick und vor allem mit einer unerschütterlichen Entschlossenheit nach oben gezerrt hätte«. Die gemeinsam überstandenen Strapazen schaffen eine neue Nähe zwischen der Lady und dem Trapper:

Jim oder Mr. Nugent, wie ich ihn stets anrede, erzählte mir von seiner Jugend und dem großen Kummer, der ihn dazu getrieben hatte, sein gesetzloses und verzweifeltes Leben aufzunehmen. Seine Stimme zitterte, und über seine Wangen rollten Tränen. War das nur Schauspielerei, frage ich mich, oder hatten die Stille und die Erinnerung an seine Jugend es tatsächlich fertiggebracht, seine schwarze Seele aufzuwühlen?

Wohl auch weil sie Zeit und Abstand braucht, um sich über ihre Gefühle für ihren »lieben Desperado« klar zu werden, bricht Isabella alleine zu einer 600 Meilen langen Erkundungstour durch Colorado auf. Sieben Stunden im Sattel machen ihr gar nichts aus, sie kann mühelos schlafen, wo auch immer sie Obdach für sich und ihr Pferd findet. Auch das Klima tut ihr gut: »In unserem sonnenarmen, nebligen Klima kannst du dir gar nicht vorstellen, was für einen Einfluss anhaltend schönes Wetter auf den Geist hat«, schreibt sie der Schwester.

Isabella ist nicht reich, die schmale Rente, die ihr die Eltern vermacht haben, erlaubt keine großen Sprünge. Vielleicht wäre sie gar nicht nach Estes Park zurückgekehrt, wenn Griff Evans, der Ranger, ihr nicht noch Geld geschuldet hätte. Mountain Jim jedoch fühlt sich durch Isabellas Rückkehr dazu ermutigt, eine Art Lebensbeichte abzulegen. Nach eigenem Bekunden ist er Ire, in Kanada geboren und nach einer unglücklichen Liebe von zu Hause weggelaufen. »Als Scout und bewaffneter Begleiter von Einwanderer-Trecks beging er offensichtlich jede mögliche Bluttat, wurde von Jahr zu Jahr gewalttätiger und trank immer mehr Whisky«, berichtet Isabella der Schwester. Am Ende habe Jim gesagt:

Nun haben Sie gesehen, wie ein Mensch sich selbst zum Teufel macht! Ich bin verloren! … Sie haben an das Gute in mir gerührt, aber zu spät. Ich kann mich nicht mehr ändern.

»Es wäre mir lieber gewesen, er hätte mir die düsteren Seiten seines Charakters nicht enthüllt«, beendet sie den Brief. Doch gleichzeitig tut ihr der Desperado »schrecklich leid«:

Es ist schon traurig, dass ein Mann wie er in der Blüte seines Lebens ohne ein Heim und ohne Liebe in einer dunklen Höhle leben muss.

Als sie Jim beschwört, den Whisky aufzugeben, erwidert er, dazu sei es zu spät. Isabella kommt zu dem Schluss: »Er ist ein Mann, dem keine Frau widerstehen kann, doch keine vernünftige Frau kann ihn heiraten.« In ihrem Buch verabschieden sie sich auf romantische Weise voneinander: Sie blickt ihm nach, wie er langsam davonreitet, ohne recht glauben zu können, dass ihr Aufenthalt in den Rocky Mountains zu Ende ist.

Kurze Zeit später ist Mountain Jim tot. Isabella Bird hört die verschiedensten Gerüchte darüber, wie er zu Tode gekommen sein soll. Bis heute ist nicht aufgeklärt, ob Jim im Streit von seinem Nachbarn Evans oder von einem der Männer Lord Dunravens erschossen wurde, der Estes Park zu seinem privaten Jagdgebiet machen wollte.

Sicher liegt es auch an dieser Liebesgeschichte, die deutlich zwischen den Zeilen zu lesen ist, dass Isabellas Reisebericht *Eine Lady in den Rocky Mountains* ein Bestseller wird. Die Erinnerung an Jim Nugent ist wohl auch daran schuld, dass sie nichts von dem neuen Verehrer wissen will, der sie nach ihrer Rückkehr ausdauernd und hartnäckig umwirbt: Dr. John Bishop, der Hausarzt ihrer Schwester Henrietta. Als Isabellas zahlreiche Krankheitssymptome wieder auftauchen, ist es dem Doktor ein inneres Anliegen, sie hingebungsvoll zu umsorgen. Er macht ihr mehrere Heiratsanträge, doch Isabella verschanzt sich hinter ihrem fortgeschrittenen Alter und gibt vor, sie wolle ihm keine invalide Gattin zumuten.

In Wahrheit plant die 46-Jährige aber schon die nächste Reise. 1878 bricht sie nach Japan auf, im Gepäck ein Reisebett, einen Klappstuhl und eine Gummi-Badewanne – lauter Dinge, die für eine »schwächliche Person« mit Rückenproblemen unerlässlich sind.

Das moderne Nippon lässt sie schnell hinter sich, um mit einem Dolmetscher die entlegenen Gebiete des Inselreichs zu erkunden. Nach einer stürmischen Überfahrt, beschwerlichen Fußmärschen und Ritten auf kaum passierbaren Wegen ist sie am Ziel – bei den Ainu, den Ureinwohnern der nördlichsten japanischen Insel Hokkaido:

> *Jetzt bin ich in dem abgelegenen Ainoland angelangt, und ich glaube, dass es zu den anziehendsten Erfahrungen meiner Reise gehört, das tägliche Leben vollkommener Wilder gesehen und geteilt zu haben … Manche Häuser sahen wie Höhlen aus, und da es Regenwetter war, hockten der Mann, die Frau und fünf oder sechs nackte Kinder um das Feuer, alle mit ungekämmtem, weichselzopfähnlichem Haar.*

Isabella verbringt Wochen bei den »unbildsamen Wilden«, fasziniert von ihrem naturnahen Leben, von ihrer Freundlichkeit und dem liebevollen Umgang mit den Kindern. Über die Mutter eines Häuptlings schreibt sie:

Ihr dickes graues Haupthaar hängt wüst herab, die Tätowierung um ihren Mund ist beinahe verschwunden und verunstaltet nicht mehr ihre wirklich hübschen Züge. Im Haus steht sie in großem Ansehen, sitzt neben den Männern am Feuer, trinkt reichlich Sake und schilt gelegentlich ihren Enkel.

Auf der Rückreise sucht sie Erholung im tropischen Klima des Goldenen Chersones, wie die malaiische Halbinsel damals genannt wurde. »Welche Fülle von Wundern der Tropenwelt!«, schwärmt sie, hingerissen von der üppigen Vegetation, dem Zirpen, Zwitschern, Krächzen, Kreischen, Plappern, das sie bei ihren Ausritten und Bootstouren im Dschungel erlebt:

In den Bäumen über uns wimmelte es förmlich von Affen, und einer schien den anderen an Mutwillen und Ausgelassenheit überbieten zu wollen, ihre Neugierde war so groß, dass sie bis zu den unteren Zweigen herabkamen und, an den Schwänzen hängend, sich tief herabneigten, um das Dach unseres Bootes mit den Händen berühren zu können.

Auch die Elefanten haben es ihr nach anfänglicher Skepsis angetan:

Mit erstaunlicher Gewandtheit suchte der Elefant sich seinen Weg den ungeheuer steilen Uferrand hinab und glitt sachte in die klaren Wasser. Nicht lange, und er tauchte so weit unter, dass die Wellen ihn vollständig bedeckten, von seinem riesigen Körper war keine Spur zu sehen und nur die Spitze des gewaltigen Rüssels ragte in gehöriger Entfernung vor uns aus den Fluten empor. Natürlicherweise saßen wir gleichfalls im Wasser … es war entzückend, rings um uns her die spiegelklare Flut, über uns der blaue lachende Himmel mit der glühenden Tropensonne, neben und vor uns, an den Ufern mit ihren malerischen kleinen Buchten, schöne Waldungen, und im Hintergrunde, majestätisch emporsteigend, herrliche Höhenzüge in ihrer alle Schattierungen köstlichen Blaus zeigenden Färbung.

Als sie im Mai 1879 nach England zurückkehrt, kann sie mit ihren Erlebnissen zwei Bücher füllen: *Unbetretene Pfade in Japan* und *Der Goldene Chersones*. Doch zu Hause trifft sie ein schwerer Schicksalsschlag: Ihre Schwester Henrietta stirbt an Typhus. Isabella ist untröstlich.

Sie war meine Welt, ob anwesend oder abwesend. Das Licht und die Inspiration meines Lebens sind mit ihr gestorben.

Die Schwester scheint der feste Halt in ihrem Leben gewesen zu sein, mit ihrem Tod erlischt »die Freude, wenn auch nicht das Interesse

am Reisen«. Der Wunsch, Henrietta die fremde, farbige Welt ins Haus zu tragen, hat Isabella zu einem offenherzigen und lebendigen Erzählton verholfen. Nach dem Tod der Schwester sind ihre Reiseberichte nur noch kluge, aber farblose Betrachtungen. Ihre Bücher werden in jeder Hinsicht gewichtiger, sind mit Moralpredigten, historischen, politischen und statistischen Informationen beladen.

Der Hausarzt John Bishop, der sich bis zuletzt aufopferungsvoll um Henrietta gekümmert hat, bekommt nun doch noch seine Chance: Ein Jahr nach Henriettas Tod gibt die inzwischen 50-jährige Isabella, immer noch in Trauerkleidung, dem langjährigen Verehrer das Jawort. Bishop ist ein humorvoller, selbstloser Mensch, im Charakter der verstorbenen Schwester ähnlich. Isabellas maßlose Trauer um Henrietta nimmt in den nächsten fünf Jahren jedoch morbide Züge an und überschattet ihre Ehe so sehr, dass sie ihren Mann erst schätzen lernt, als er selbst im Sterben liegt.

Eine Welle von Selbstvorwürfen und Selbstmitleid schlägt über Isabella zusammen. Jetzt gibt es nichts mehr, was sie an England bindet. Zu seinen Lebzeiten sagte John Bishop einmal, er habe nur einen mächtigen Rivalen, der ihm Isabellas Gunst streitig mache – das Hochland von Zentralasien. Dorthin fährt sie nun nach seinem Tod.

Da sie von Schuldgefühlen gegenüber der Schwester und nun auch dem vernachlässigten Ehemann gequält wird, beschließt sie, etwas Gutes für die Armen in Asien zu tun. Sie besucht Missionsstationen, um zu klären, woran es bei der Versorgung der Menschen fehlt, und gründet daraufhin im Namen von John und Henrietta eine Reihe von Krankenhäusern.

In den nächsten Jahren zieht es sie immer wieder in den Osten. Sie unternimmt eine strapaziöse Expedition, die sie durch Persien und Kurdistan bis nach Armenien führt, reist nach Indien und Kaschmir, überquert die Höhen von Westtibet und erreicht nach einem atemberaubenden Ritt über einen 5000 Meter hoch gelegenen Gebirgspass das Königreich Ladakh, »eine Landschaft voller Würde«, wie sie beeindruckt berichtet.

Die Menschen interessieren sie dabei zunehmend weniger als die irgendwo zwischen Himmel und Erde liegenden Landschaften. Sie scheut keine Anstrengung, um aus der mehr und mehr verabscheuten Zivilisation in die »unbezähmbare Freiheit der Wildnis« zu flüchten.

Zu Hause in England wird ihr eine vielbegehrte Ehre zuteil: Die Royal Geographical Society nimmt sie 1892 als erste Frau in ihre Reihen auf. Isabellas knappe Antwort: »Ich bin dankbar für die Neuerung, die Arbeit einer Frau anzuerkennen.«

Mit Anfang 60 lernt sie zu fotographieren. »Das ist jetzt mein großer Fimmel«, schreibt sie einer Freundin, »ich mag es mehr als irgend etwas, was ich sonst schon angefangen habe.« Überall baut sie fortan ihre Kamera auf und entwickelt ihre Fotos sogar im schlammigen Wasser des Yangtze.

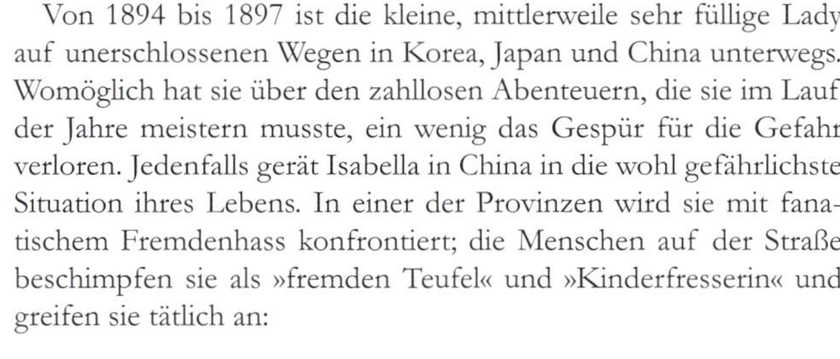

Von 1894 bis 1897 ist die kleine, mittlerweile sehr füllige Lady auf unerschlossenen Wegen in Korea, Japan und China unterwegs. Womöglich hat sie über den zahllosen Abenteuern, die sie im Lauf der Jahre meistern musste, ein wenig das Gespür für die Gefahr verloren. Jedenfalls gerät Isabella in China in die wohl gefährlichste Situation ihres Lebens. In einer der Provinzen wird sie mit fanatischem Fremdenhass konfrontiert; die Menschen auf der Straße beschimpfen sie als »fremden Teufel« und »Kinderfresserin« und greifen sie tätlich an:

Sie schlugen mit Stöcken auf die Sänfte ein, schleuderten Dreckklumpen und andere Projektile, und zwar so geschickt, dass sie ihr Ziel selten verfehlten. Ein gutgekleideter Mann, etwas mutiger – oder feiger? – als die anderen, gab mir einen Faustschlag, er verletzte mich an der Brust; andere schlugen von hinten auf mich ein. Das Geschrei war infernalisch.

Isabella gelingt es mit Mühe, in den Hof eines Hauses zu flüchten, wo sie sich mit geladenem Revolver verschanzt, »fest entschlossen, jedem, der eindringen würde, in die Beine zu schießen.«

Sie schleppten Balken herbei, um das Tor zu rammen, und bei jedem freudigen Geschrei, jedem Aufprall war ich darauf gefasst, dass das Tor nicht standhalten würde. Schließlich gab eine Angel nach, der obere Flügel öffnete sich einen Spalt breit. Sie verdoppelten ihre Anstrengungen, und das Tor drohte einzustürzen. Doch ganz plötzlich ließen sie die Balken fallen. In ein paar Minuten war der Hof wie ausgestorben, und Soldaten nahmen ihn in Beschlag.

Zu Hause macht die Weitgereiste mit ihren Fotos Furore und schreibt an ihrem letzten Buch *The Yangtze Valley and Beyond.* Mit 70 Jahren bricht sie zu ihrer letzten Reise auf: Sechs Monate lang reitet sie auf einem riesigen Hengst, den sie nur mit einer Leiter besteigen kann, durch Marokko. Nach England zurückgekehrt, leidet sie zunehmend unter Rheuma und Herzattacken. Dennoch plant sie eine neue Reise, doch dazu kommt es nicht mehr.

In ihren letzten Lebensjahren wandert Isabella Bird ruhelos zwischen Freunden und Verwandten hin und her. Als sie schon nicht mehr aufstehen kann, zieht sie noch einmal vom Pflegeheim in ein eigenes kleines Haus in Edinburgh um – weil sie »keine Nummer« sein will, wie sie selbst sagt. Bis zu ihrem Tod im Oktober 1904 macht sie auf ihre Besucher einen munteren Eindruck. Sie bedauert nur, dass sie wegen ihres Rheumas keinen Stift mehr halten kann, und bekennt: »Ich habe der Welt noch so viel zu sagen.« G. L.

Zu Füßen der Götter

Amelia Edwards
(1831-1892)

Englische Schriftstellerin und Ägyptologin

»Hi, Lady! Yankee-Doodle donkey!«, ruft einer der Eseltreiber, der nächste übertönt ihn: »God save the Queen! Hurrah!« In Luxor herrscht Hochbetrieb: »Esel und Eseltreiber, Bettler, Fremdenführer und Antiquitätenhändler – die Kinder schreien nach Bakschisch … und alle betrachten uns als legitime Beute«, schreibt Amelia Edwards – wohlgemerkt im Jahr 1874. Auch dem obligatorischen Kamelritt entkommt die Schriftstellerin nicht. »Eine sehr unerfreuliche Erfahrung«, findet sie:

> *Man weiß, dass dieses Tier einen hasst, sobald man es zum ersten Mal umrundet und sich fragt, von wo aus und wie man seinen Höcker erklimmen könnte … Es flucht ungehemmt, während man Platz nimmt, fletscht die Zähne, sobald man sich ein wenig im Sattel bewegt, und starrt einen böse an, wenn man versucht, es in Bewegung zu setzen. Falls man es weiter probiert, beißt es einen in die Beine … Sein Gang ist noch unerträglicher als seine Laune. Es hat vier Gänge: einen kurzen Schritt, wie das Schaukeln eines kleinen Bootes in aufgewühlter See, einen langen Schritt, der alle Knochen im Körper durcheinander rüttelt, einen Trab, der einen Idioten aus dir macht, und einen Galopp wie eine Höllenfahrt.*

Wie man sieht, hat ihr Reisebericht *A Thousand Miles Up the Nile* keinen Staub angesetzt, es macht heute noch Spaß, darin zu lesen. Der selbstironische Witz durchzieht das ganze, über 700 Seiten dicke Buch, auch wenn ein Großteil ernsthaft und ausführlich dem alten Ägypten gewidmet ist.

Amelia Edwards gehört nicht in die erste Liga der großen Reisenden, sie ist keine Globetrotterin – doch ihre Neugier und die Begeisterung, die sie im Lauf ihres ägyptischen Abenteuers entwickelt, heben sie weit über normale Touristen hinaus. Ägypten markiert einen Wendepunkt in ihrem Leben. Obwohl ihr Reisebericht ein Bestseller wird, gibt sie die Schriftstellerei auf und verschreibt sich dem Schutz der ägyptischen Altertümer.

Amelia ist die älteste Tochter des Bankiers Thomas Edwards und seiner Frau Alicia, die aus einer irischen Anwaltsfamilie stammt. Von der Mutter lernt sie früh Lesen und Schreiben, verfasst als

Kind schon Gedichte und veröffentlicht mit 15 die ersten Geschichten in Zeitschriften. Sie ist auch eine begabte Zeichnerin, das belegen die Illustrationen in ihrem Buch, und sie hat eine sehr gute Singstimme – eine Gabe, die sie zum Beruf machen will. Mit 19 erkrankt sie jedoch schwer an Typhus. Als sie die Krankheit überwunden hat, ist ihre Stimme ruiniert.

Auch privat erlebt Amelia in dieser Zeit eine Enttäuschung. Ihre 1851 geschlossene Verlobung nimmt kein gutes Ende, im Jahr darauf löst sie die Verbindung. Auf sich gestellt, verdient sie ihren Lebensunterhalt mit Klavierstunden und Übersetzungen. 1855, mit 24 Jahren, veröffentlicht sie ihren ersten Roman, in den Jahren darauf drei weitere, außerdem Gedichte und Kurzgeschichten, Beiträge für Magazine und Zeitungen.

Als 1860 kurz nacheinander beide Eltern sterben, hat sie ihren Weg schon gemacht. Sie gilt als äußerst unabhängig und bleibt unverheiratet, zieht aber im Jahr 1864 mit einer verwitweten Freundin zusammen. Die Ladys gehen viel auf Reisen, erkunden Frankreich, Italien, Deutschland und die Schweiz.

Die Schicksalswende in Amelias Leben beginnt mit einer Malreise durch Frankreich. Das anhaltend schlechte Wetter veranlasst die nun 42-jährige Schriftstellerin und ihre Freundin, die sie in ihrem Buch nur »L.« nennt, die Sonne weiter südlich zu suchen – ein Einfall, der sie über Italien nach Kairo führt.

Ägypten ist im späten 19. Jahrhundert ein beliebtes Reiseziel. Napoleons Invasion im Jahr 1798 hat Abenteurer und Entdecker nach sich gezogen, in ihrem Gefolge strömen Bildungsreisende in das Land, vor allem, nachdem 1869, vier Jahre vor Amelias Ankunft, der Suezkanal eröffnet wurde. Noch im selben Jahr fahren die ersten Dampfschiffe unter der Flagge von Thomas Cook den Nil hinauf. Alexandria und Kairo werden Modestädte, in Ägypten zu überwintern, ist der letzte Schrei.

Während sich dort die Besucher drängen, kämpfen sich am anderen Ende des Stroms die Forscher durch unwirtliches Gelände. Kaum sechs Monate, bevor Amelia in Kairo eintrifft, stirbt Dr. Livingstone auf der Suche nach den Quellen des Nil. Als sie ihre Nilfahrt

vorbereitet, hat die Nachricht von seinem Tod die Welt noch nicht erreicht.

Amelia stimmt sich mit einem Standardwerk auf die Reise ein: Murrays *Reisehandbuch für Ägypten* empfiehlt, mit einem traditionellen Nilschiff, einer Dahabije, bis zum zweiten Katarakt zu fahren – das sei die einzig angemessene Art, das Land zu bereisen. Unter den Besuchern herrscht denn auch eine klare Hierarchie, stellt Amelia fest:

> *Leute in Dahabijen verachten Touristen von Cook; diejenigen, die bis zum zweiten Katarakt fahren, sehen mit hochmütigem Mitleid auf die hinab, für die schon der erste das Ziel ihrer Wünsche ist.*

Ihr selbst würde es nicht im Traum einfallen, mit Cook zu reisen. Eine private Dahabije entspricht schon eher ihrem Stil. Sie stellt einen Dragoman an, einen Übersetzer, der die Verhandlungen für sie führen soll, besichtigt mit L. die Pyramiden – und ist hingerissen:

> *… wenn sich die Große Pyramide in ihrer ganzen, unerwarteten Größe und Majestät vor einem auftürmt, ist der Eindruck so plötzlich wie überwältigend. Sie schließt den Himmel aus. Sie schließt alles aus bis auf das Gefühl von Staunen und Ehrfurcht.*

Wissensdurstig, wie sie ist, stellt die Schriftstellerin klar:

Natürlich haben wir die Pyramiden nicht wirklich gesehen. Wir haben sie nur angeschaut … Wir werden mit mehr Zeit wiederkommen, wenn wir von der Nilfahrt zurückkehren und mehr Wissen über die Kunst und Architektur dieser vergangenen Zeiten erworben haben.

Der Dragoman erwartet sie nach zweiwöchigem Handeln und Feilschen mit der Nachricht, ihr Schiff sei bereit. Amelia und L. haben Mitreisende gefunden, einen Maler und dessen Freunde, die unterwegs nach Kairo sind. Der Maler und die anderen wollen mit der Nil-Eisenbahn nachkommen. Bis dahin haben die Ladys das Boot, das ein halbes Jahr lang ihr Zuhause sein soll, für sich.

> *Und nun sind wir an Bord, haben den Kapitän kennengelernt und sind bienenfleißig, denn die Kabinen müssen aufgeräumt werden, Blumen arrangiert und hundert kleine Dinge getan werden … Es ist wunderbar, was ein paar Bücher und Rosen, ein Klavier und ein, zwei Bilder bewirken können. Innerhalb weniger Minuten … wirkt die Philae so wohnlich und vertraut, als ob sie schon seit einem Monat bewohnt wäre.*

Bücher, Bilder, Blumen, ein Klavier – die *Philae* ist tatsächlich so luxuriös, wie es sich anhört. Im getäfelten Salon befinden sich Diwane und Bücherschränke, die mit Bänden über ägyptische Geschichte bestückt sind. Es gibt einen Weinkeller und Platz für Spazierstöcke, Sonnenschirme und Gewehre. Da das Schiff bei Windstille gerudert

werden muss, ist die Mannschaft entsprechend groß. Köche und Kellner inklusive, reisen Amelia und L. mit einer Crew von 20 Mann.

Die Seeleute lassen es sich nicht nehmen, die Ladys mit arabischer Musik bekannt zu machen. Amelias Eindruck: »Wir spürten, dass wir wirklich Fremde in einem fremden Land waren.«

Am Ende jedes Verses jaulten und heulten sie, während der Sänger ab und an, von seinen Gefühlen überwältigt, in die gleichen erstaunlichen und absolut unbeschreiblichen Klangwindungen ausbrach, mit denen er begonnen hatte. Immer wenn er das tat, hielt der Rest in respektvoller Bewunderung den Atem an und stieß ein anerkennendes ›Ah!‹ aus, das hier der gebräuchliche Ausdruck von Beifall ist. Wir fanden ihre Musik in dieser ersten Nacht grauenvoll, doch am Ende gefiel sie uns, wie wohl den meisten Reisenden.

Einige Tage später schreibt sie:

Heute ist Weihnachten. Die Köche stehen bis zum Hals in Plumpudding, die Mannschaft bekommt zur Feier des Tages ein Schaf, und die Neuen sind angekommen.

Es ist unschwer herauszulesen, dass sie die Mitreisenden mit gemischten Gefühlen empfängt. Der Maler Andrew MacCallum, meint sie spitz, habe »genügend Rahmen, Leinwände, Zeichenpapier und Staffeleien mitgebracht, um eine Kunstschule auf dem Land einzurichten«. Seine Freunde, stellt sich heraus, sind auf Hochzeitsreise:

Der Bräutigam ist das, was man gemeinhin einen Müßiggänger nennt, das heißt, er ist gebildet, von zarter Gesundheit und faul. Zur Braut passt es am besten, wenn ich sie die kleine Lady nenne.

Damit haben die Flitterwöchner ihre Spitznamen weg. Amelia nennt sie nur »Das glückliche Paar« beziehungsweise »Der Müßiggänger« und »Die kleine Lady«. MacCallum ist »Der Maler«, von sich selbst spricht sie als »Die Schriftstellerin«, und L. bleibt L.

Während sich die *Philae* je nach Wetter unter Segeln, getreidelt oder gestakt nach Süden bewegt, versuchen die Reisenden, möglichst viele, wenn nicht alle Sehenswürdigkeiten zu besuchen. Amelia entwickelt eine wahre Leidenschaft für das alte Ägypten. In Dendera bleibt sie so lange, dass bei Einbruch der Dunkelheit ein Suchtrupp nach ihr ausgeschickt werden muss. Ebenso beeindruckt ist sie vom Tal der Könige:

In eines dieser großen Gräber hinunterzugehen, ist wie sein Ich in die Unterwelt absteigen zu lassen und den Pfad der Schatten zu betreten. Beim Überschreiten der Schwelle schauen wir hinauf – halb erwartend, die fürchterlichen Wörter zu lesen, welche alle, die hineingehen, daran gemahnen, die Hoffnung hinter sich zu lassen …

Vollends sprachlos macht sie der große Tempel von Karnak:

Es ist unmöglich, ihn zu beschreiben. Die Dimensionen sind zu groß, die Wirkung ist zu gewaltig, das Gefühl der eigenen Beschränktheit, Winzigkeit und Unfähigkeit ist zu umfassend und erdrückend. Hier versiegen nicht nur die Worte, sondern auch die Vorstellungen … ich kann nur schauen und still sein.

Die Illustrationen zu ihrem Reisebericht zeigen nicht nur Tempel und Ruinen. Amelia versucht auch, die Menschen unterwegs zu porträtieren – angesichts des islamischen Bilderverbots kein leichtes Unterfangen. Andererseits hat das Bilderverbot auch Vorteile:

Sobald jemand an Deck erscheint, brechen sie [die Einheimischen] in einen Chor von ›Bakschisch!‹ aus. Es gibt nur eine Möglichkeit, sie abzuschütteln, und das ist, sie zu zeichnen. Der Effekt tritt schlagartig ein. Mit einem anständigen Zeichenblock und Stift kann man ein ganzes Dorf blitzartig in die Flucht schlagen.

Wünscht man sich jedoch ein Modell, ist das Problem unüberwindlich:

Ich erinnere mich gut an eine stolze Schöne, wohlgeformt und gekleidet wie eine Juno, die eines Morgens am Ufer stand und alle Geschäftigkeit an Bord abschätzig beobachtete … Der Maler entsandte einen Botschafter, ermächtigt, alles zwischen einem Sixpence und einem halben Sovereign zu bieten, damit sie nur für eine halbe Stunde so stehen bliebe. Die Art ihrer Ablehnung zeugte von Größe. Sie zog ihren Schal über das Gesicht, nahm die Hand ihres Kindes und schritt fort wie eine beleidigte Göttin.

Schockiert ist Amelia von den staubigen Städten mit ihren fensterlosen Lehmbauten, den zahllosen Armen und Kranken, deren Haut »nichts als eine Schicht aus verkrustetem Dreck und Geschwüren und Schwärmen von Ungeziefer« ist:

Ich habe Babys in den Armen ihrer Mütter gesehen, mit sechs oder acht Fliegen in jedem Auge … Ich habe vier-, fünfjährige Kinder gesehen, deren Augen zerfressen waren, und andere, denen ein großer Klumpen Fleisch anstelle der zerstörten Pupille herauswuchs. Zieht man das in Betracht, ist es kein Wunder, dass drei von fünf Kindern sterben, dass in manchen Distrikten jeder zwanzigste Mensch blind oder teilweise blind ist – es ist ein Wunder, dass 40 Prozent der Kinder überleben und 95 Prozent die Gnade genießen zu sehen.

Nach wenigen Wochen beschließt sie, die Städte zu meiden:

Das alles war so furchtbar, dass man besser freiwillig eine großen Umweg in Kauf nimmt, als Zeuge dieses Leidens zu werden, ohne die Macht, es zu lindern.

An Bord der *Philae* lebt es sich leichter. Der Maler malt, die Schriftstellerin schreibt und liest, der Müßiggänger, der auf eine Trophäe hofft, hält nach Krokodilen Ausschau – während L. mit ihrem Verbandskasten »eine kleine, aber stete Praxis« betreibt.

Es gibt keine Ärzte südlich von Kairo, und es herrscht solches Misstrauen gegenüber der Staatsmedizin, dass, wenn die Regierung bei einer Epidemie einen Mediziner den Fluss hinunterschickt, die Hälfte der Leute ihre Krankheit verbirgt, während die andere Hälfte die verordneten Medikamente verweigert. Andererseits ist das Vertrauen in die Fähigkeiten durchreisender Europäer unbegrenzt … Mittlerweile genießt L. einen guten Ruf bei der Crew. Sie nennen sie Hakeem Sitt (Doktor-Dame) … und zeigen auf alle mögliche, bezaubernde Weise ihre Dankbarkeit – singen ihre liebsten arabischen Lieder, wenn sie neben ihrem Esel herlaufen – suchen für sie nach Skulpturenfragmenten, wenn wir Ruinen besichtigen – und bringen ihr ständig kleine Geschenke in Form von Kieselsteinen und wilden Blumen.

In Assuan wird die Reise riskant – hier liegt der erste Katarakt mit seinen berüchtigten Stromschnellen, die zwischen schwer überschaubaren Felsklippen hindurchführen. Für die Dampfer von Cook ist das die Endstation, nur die besten Dahabijen können die gefährlichen Strudel passieren. Das Schicksal der Reisenden liegt in den Händen des sogenannten »Scheichs vom Katarakt«, der als einziger die Erfahrung, Mannschaft und Ausrüstung hat, um sie über die Stromschnellen zu bringen.

Zur Sicherheit werden Fenster und Türen der *Philae* verrammelt, als ob ein Sturm bevorstünde. Unter günstigen Bedingungen soll die Durchfahrt zwölf Stunden dauern, unter ungünstigen bis zu vier Tage. Die Männer des Scheichs schwärmen auf Felsen aus, werfen Taue auf das Schiff, andere werden von dort auf die Ufer geworfen, und »unter wilden Gesängen und mit Bewegungen wie bei einem Barbarentanz« beginnen die Männer zu ziehen. Zwei Stunden lang singen und ziehen sie, Gischt spritzt, die Passagiere im Salon werden hin- und hergeworfen, bis das Boot mit einem Schwung über die Kante eines Wasserfalls in vergleichsweise ruhiges Wasser gleitet. Sechsmal wiederholt sich das Ganze, dann ist der Katarakt durchfahren.

Der erste Ort, den die Reisenden oberhalb des Katarakts besuchen, ist die kleine Insel Philae, nach der ihr Schiff benannt ist. Bisher hat Amelia trotz ihrer Skepsis um »echte alte Objekte« gefeilscht und »mit genauso wenig Gewissenbissen wie ein professioneller Leichengräber zwischen staubigen Gräbern herumgewühlt«, nun ändert sich ihre Haltung. In Philae gibt es keine Touristen, keine Händler, keine Bettelei. »Die Heilige Insel«, schreibt sie, »schien zu schlafen, bis dahin noch ungestört.« Der Kontrast öffnet ihr die Augen für die zerstörerische Wirkung des Tourismus wie auch der Wissenschaft.

In Abu Simbel erreicht ihre Begeisterung einen neuen Höhepunkt. Murrays Reisehandbuch sieht ein, zwei Tage für die beiden Felsentempel vor, die Ramses II. am Nilufer bauen ließ, doch die *Philae* liegt fast drei Wochen am Fuß des Großen Tempels vor Anker. Die Schriftstellerin und der Maler zeigen keine Neigung zum Aufbruch. Ungeachtet der glühenden Hitze halten sie die Schätze von Abu Simbel, die hoch aufragenden Kolossalstatuen, die Reliefs und ausgemalten Felsenkammern, für die Nachwelt fest. Amelia ist wunschlos glücklich:

Währenddessen war es wunderbar, jeden Morgen unten am steilen Ufer aufzuwachen und, ohne den Kopf vom Kissen zu heben, diese Reihe von Riesengesichtern so nahe gegen den Himmel zu sehen. Schon im Mondlicht sahen sie überirdisch genug aus, aber nicht halb so überirdisch wie im Morgengrauen … Für einen Moment schienen sie zu erglühen – zu lächeln … Jeden Morgen wachte ich rechtzeitig auf, um dieses Wunder zu sehen.

In den Mannschaftsquartieren regt sich allmählich Unmut. Der Maler hat die Idee, die Männer zu beschäftigen: Sie sollen das Gesicht der nördlichsten Kolossalstatue »restaurieren«, das durch Gipsreste von einem Abguss fürs Britische Museum verunstaltet ist – das heißt, den Gips abkratzen und die weißen Flecken mit Kaffee betupfen.

> *Sie brauchten drei Nachmittage, um die Arbeit zu erledigen … Rais Hassan zu sehen, der künstlerisch eine Riesennase, fast so lang wie er selbst, nachbesserte; Riskally und den Küchenjungen, hin- und herwankend mit Nachschub vom zu diesem Anlass extra dick und trüb gebrauten Kaffee; Salame, der sich im Schneidersitz wie ein selbstzufriedener Schalk auf dem emporragenden Rand der großen Pschent-Krone niederließ … dies alles war, wage ich zu behaupten, ein Anblick, der witziger war als alles andere, das je in Abu Simbel zu sehen war oder noch sein wird.*

Weil ihre Mitreisenden darauf drängen, willigt Amelia widerstrebend ein, zum zweiten Katarakt weiterzufahren, unter der Bedingung, auf der Rückreise noch einmal in Abu Simbel Station zu machen. Zurück in Abu Simbel sichtet der Müßiggänger glücklicherweise endlich Krokodile und legt sich auf die Lauer. Der Maler ist dabei, ein Meisterwerk zu schaffen, und L. und die kleine Lady wagen nicht, eigene Vorschläge zu machen. Amelia kann also nach Belieben schreiben, zeichnen oder einfach in den Tempelanlagen herumspazieren:

> *Es ist ein wunderschöner Ort, um darin allein zu sein, ein Ort, wo sogar Dunkelheit und Stille uralt sind, wo selbst die Zeit zu schlafen scheint. Wenn man durch diese gemeißelten Hallen streift, wie ein Schatten unter Schatten, scheint man die Welt hinter sich gelassen zu haben … In der rasch aufsteigenden Dämmerung wirken sie [die Götter] beseelt mit übernatürlichem Leben. Es gab Zeiten, in denen ich kaum überrascht gewesen wäre, sie sprechen zu hören – zu sehen, wie sie sich von ihren gemalten Thronen erheben und von den Wänden herunterkommen. Es gab Zeiten, in denen ich spürte, dass ich an sie glaubte.*

Ein paar Tage nach ihrer Rückkehr bringt einer der Seeleute eine gekritzelte Nachricht des Malers: »Kommt unbedingt sofort, ich habe den Eingang zu einem Grab gefunden. Schickt mir ein paar Sandwiches.« Bis die anderen hinzueilen, hat er mit den Händen schon ein mannshohes Loch freigelegt, das den Blick auf bemalte Wände freigibt.

»Den ganzen Tag über arbeiteten wir auf Händen und Knien, ohne Rücksicht auf die Gefahr eines Sonnenstichs, ohne müde zu werden«, berichtet Amelia. Bei Sonnenuntergang ist die Öffnung groß genug, um ein Mitglied der Crew mit einer Kerze hineinzuschicken. Als nächste steigt Amelia in die kleine Kammer. Es ist noch hell genug, um jedes Detail zu erkennen: das gemalte Fries, das Relief an den Wänden »in strahlenden, nicht verblichenen Farben«.

Unserer Überzeugung nach waren wir auf eine Begräbniskapelle gestoßen. Das Loch in der Wand musste zu einer Grabkammer führen, und wir würden dort unten wer weiß was finden. Vielleicht Mumien, Sarkophage und Grabfiguren und Juwelen und Papyri und Herrlichkeiten ohne Ende.

Die Grabungen der nächsten Woche zerstören diese Hoffnung: Das Loch in der Wand führt nur in einen leeren Raum. Die aufwendig ausgemalte Kammer ist das einzige Relikt eines Torturms, der vermutlich schon zu Zeiten Ramses' II. durch ein Erdbeben zerstört wurde.

Amelia ist nicht entgangen, wie sehr die Brillanz und Frische der Farben bei der Ausgrabung gelitten hat. Sie beginnt, sich für die Schätze Ägyptens verantwortlich zu fühlen, und kehrt voll Sorge nach England zurück:

Dies ist das Schicksal jedes ägyptischen Monuments, groß oder klein. Der Tourist zerkratzt es überall mit Namen und Daten und in einigen Fällen mit Karikaturen. Der Ägyptologe wischt durch ›Abklatsche‹ mit nassem Papier jede Spur der Originalfarbe weg. Der ›Sammler‹ kauft und nimmt mit, was er nur an Wertvollem ergattern kann; und der Araber stiehlt für ihn … Es ist niemand da, es zu verhindern … Täglich werden mehr Inschriften verstümmelt – mehr Gräber geplündert – mehr Malereien und Skulpturen verunstaltet. Im Louvre steht ein mannshohes Porträt von Sethos I., im Ganzen aus den Mauern seines Grabes im Tal der Könige herausgeschnitten. Die Museen von Berlin, Turin, Florenz sind reich an Beutestücken … Wenn es die Wissenschaft vormacht, ist es dann verwunderlich, dass ihr die Unwissenheit folgt?

Die Schriftstellerin hat ihre Berufung gefunden. Sie lässt sich mit L. im West Country nieder und verschreibt sich der Aufgabe, Ägyptens Altertümer vor den Raubzügen von Historikern und Sammlern, Touristen und Vandalen zu schützen. 1882 gründet sie mit anderen den Egypt Exploration Fund, um professionelle Grabungen und den Erhalt der Denkmäler zu fördern. Bis zu ihrem Lebensende schreibt sie Artikel und Briefe, hält Vorträge in Europa und Amerika – die 1891 unter dem Titel *Pharaohs, Fellahs and Explorers* veröffentlicht werden – und wirbt unermüdlich um Unterstützung.

Den größten Teil ihres Vermögens vermacht sie dem University College in London, damit dort der erste Lehrstuhl für Ägyptologie gegründet werden kann.

Sie stirbt im April 1892 mit 60 Jahren an den Spätfolgen einer Grippe – in England, nicht in Ägypten, wie sie es sich in Abu Simbel halb scherzhaft, halb im Ernst ausgemalt hat: Im Felsentempel war ihr schlagartig bewusst geworden, dass die Felsmassen über ihr jederzeit einstürzen könnten.

Von plötzlicher Panik gepackt, wie in einem Alptraum, versuchte ich zu rennen, doch meine Füße waren wie Blei, und der Boden schien unter ihnen nachzugeben. Ich spürte, ich hätte nicht um Hilfe rufen können, selbst wenn es um mein Leben gegangen wäre. Es ist vielleicht unnötig zu erwähnen, dass der Berg nicht eingestürzt ist und dass ich mich umsonst gefürchtet habe. Nichtsdestotrotz wäre es eine großartige Art zu sterben gewesen; und eine noch großartigere Art, begraben zu werden.

G. L.

Tochter des Sultans

Alexandrine Tinne
(1835–1869)

Niederländische Entdeckerin

Im November 1862 macht der Afrikaforscher Theodor von Heuglin in Ägypten die Bekanntschaft von drei Damen. Bei der jüngsten handelt es sich um eine der reichsten Erbinnen Hollands: Alexandrine (Alexine) Tinne. Sie ist in Begleitung ihrer Mutter Henriette Tinne und ihrer Tante Adriana von Capellen, und sie kommen gerade von einer Exkursion zurück nach Khartum. Der Wettlauf um die Entdeckung der eigentlichen Nilquellen ist eben erst entbrannt; Expeditionen aus ganz Europa wollen dieses Geheimnis lüften. Auch die abenteuerlustige 27-jährige Alexine ist von diesem Fieber angesteckt. So hat sie kurzerhand – zum Entsetzen der eigenen Mutter und Tante – ihre Pläne, den Blauen Nil zu befahren, geändert und eine Expedition auf dem Weißen Nil gestartet. Zu diesem Zwecke mietet sie das einzige Dampfschiff weit und breit, und trotz großer Skepsis begleiten Henriette und Adriana Alexine nilaufwärts in noch weitgehend unerforschte Gebiete.

Als sie in Djebel Dinka, ihrer ersten Station, Halt machen, schreibt Alexine an ihre Cousine:

Hier war es, dass ich das erste Mal gesehen habe, wie die Neger behandelt werden. Noch niemals in meinem Leben bin ich so entsetzt und geschockt gewesen. Ich hatte davon wohl schon gehört wie jeder, ich hatte wohl von Sklavenkarawanen gelesen, aber ich hatte keine Ahnung von dem Umfang und von der Grausamkeit dieses Gewerbes, noch von der zynischen Weise, mit der es betrieben wird. Man kann sich das nicht vorstellen, wenn man es nicht gesehen hat – es ist widerwärtig. Alle arabischen Händler und die meisten Europäer haben sogenannte Leibwächter, die alle Sklavenjäger sind, die die Dörfer anzünden und alles rauben, was ihnen in den Weg kommt. Sie treiben Hunderte von Negern auf Schiffen zusammen, wo man sie versteckt hält, um sie so in die Länder des Vizekönigs zu schmuggeln. Denn obgleich das Gesetz gegen die Sklaverei in den entlegenen Gebieten null und nichtig ist, muss man doch den Schein wahren, als befolge man es, aber hier geschieht alles ohne die geringste Scham, und da der Handel dieses Jahr blüht, war die Menge unter dunklen Planen verborgen. Doch als ich näher heranging, sah ich, dass es sich dabei um zusammengebundene Neger handelte, die auf diese Weise leicht zu bewachen waren. Alle waren nackt, und die Männer trugen

um den Hals schwere Ketten, die sie nicht alleine hochheben konnten. Aber was uns noch am meisten berührte, war ihre Abgezehrtheit, unbeschreiblich.

Alexine ist so empört über die Unmenschlichkeit der Sklaverei, dass sie zwei Ochsen kauft und das Fleisch eigenhändig unter den Gefangenen verteilt.

Die Unglücklichen sahen offenbar unser Mitleid, denn als ich zwischen den Gruppen hindurchging, ergriff mich eine Frau, die ein Kind auf dem Arm hatte, bei der Hand und sagte etwas zu mir, das – wie man mir erklärte – eine Bitte war: Sie bat darum, dass ihr Herr ihr die Gunst gewähre, ihren zweiten Sohn und ihre Mutter, die einem anderen Herrn gehörten, sehen zu dürfen. Mir gestand man die Bitte zu, und das Wiedersehen war so ergreifend, dass ich sie alle vier gekauft habe und sie nun bei mir behalte, bis wir in ihr Land kommen, wo wir sie dann in ihr Dorf zurückschicken können.

Während des siebenwöchigen Aufenthaltes in Djebel Dinka gesellt sich noch die eine oder andere Sklavin dazu:

Denn ich habe dir noch gar nicht erzählt, Smous, dass ich die Verrücktheit begangen habe, ein abessinisches Mädchen von etwa zehn, elf Jahren zu kaufen, das mich täglich davon überzeugt – zusammen mit einem anderen Kind, das einem unserer Begleiter gehört und das sich immer bei meiner Kleinen und mir aufhält –, dass meine Furcht vor Kindern und meine Wertschätzung von Hunden berechtigt sind. Nicht dass sie ungezogen sind, im Gegenteil: Es sind allerliebste Engelchen, vor allem die meine, die Goelba heißt und eine Schönheit zu werden verspricht. Sie ist sehr dunkel, aber hat nichts Negerhaftes, und ihre Gestalt ist so zierlich, so ladylike, dass jeder, der sie sieht, darüber erstaunt ist.

Trotz der ungeplanten Vergrößerung ihrer Reisegesellschaft und unter Zurücklassung der nicht freigekauften Massen von Sklaven – denn auch das Tinne'sche Vermögen hat seine Grenzen – setzt Alexine ihre Fahrt fort. Sie erreicht das Land der Schilluken, die sich erbost gegen die Sklaverei wehren und daher Fremden gegenüber sehr misstrauisch sind.

Alexines Auftreten, in geschnürtem Korsett und Reifrock, ebenso wie ihr offensichtlicher Reichtum, tragen ihr den Ruf ein, eine Tochter des Sultans zu sein. Bis zum Häuptling der Schilluken eilt er ihr voraus. Dieser interessiert sich für das Dampfschiff, das ihm wie ein Wunderwerk erscheinen muss, da die Schilluken noch wie in der Steinzeit leben. Zum Dank für eine Besichtigung dieses Dampfschiffes schenkt er der holländischen Gesellschaft eine Kuh.

Schließlich kommen sie dem eigentlichen Hindernis bei der Erforschung der Nilquellen näher: dem Sudd, einer Sumpflandschaft, die sich in einer Senke des Weißen Nil gebildet hat. Eine Wasserwildnis, durchzogen von Papyrusstauden, Schilfrohr und Wasserhyazinthen, die – zu regelrechten Inseln und grünen Teppichen zusammengewachsen – ein fast undurchdringbares Dickicht bilden. Nach dreiwöchigem Kampf, in dem die Boote zum Teil nur mit der Muskelkraft der Mannschaft an langen Seilen flussaufwärts gezogen werden, gelangt man an eine Missionsstation namens Heiligenkreuz, die nur noch von zwei Geistlichen bewohnt wird. Als die Gruppe schließlich am 30. September Gondokoro erreicht, erkrankt Alexine am Fieber. Dank des Chinins aus Henriettes Reiseapotheke überwindet sie es zwar schon nach fünf Tagen, doch das große Ziel, die Nilquellen zu entdecken, muss sie aufgeben. Der Fluss ist jenseits dieses Orts wegen zu großer Felsbarrieren nicht mehr befahrbar, und für einen Fußmarsch ist man nicht ausgestattet. So kommt es, dass die holländischen Damen ohne den ersehnten Erfolg nach Khartum zurückkehren. Allerdings tun sie das nur, um sich für eine zweite, größere Expedition auf dem Abiad und dem Bahr el-Djebel [Oberlauf des Weißen Nil] zu rüsten. Als der mittellose Forscher von Heuglin davon erfährt, unterbreitet er seinerseits den Damen seine Forschungs- und Reisepläne zum großen westlichen Arm des Weißen Nil, dem Bahr el-Ghazal, dem Gazellenfluss. Tatsächlich wird ihm angeboten, die Tinne'sche Expedition zu begleiten. Theodor von Heuglin holt noch einen befreundeten Forscher, Herrmann Steudner, ins Boot; Tante Adriana dagegen nutzt die Gelegenheit, um auszusteigen. Sie will lieber in Khartum warten, obwohl es sich dabei um keinen sehr anziehenden Ort handelt. Alexines Mutter ist zwar von der Aussicht auf eine weitere Expedition wenig erfreut – immerhin ist sie 63 Jahre alt und das sumpfige Nilklima für jedermann schwierig –, aber Alexine ist ihr einziges Kind, und sie haben ein überaus inniges Verhältnis. Henriette selbst ist eine reiselustige Person, und solange ihr Mann Philip Tinne noch lebte, hat sie mit ihm viele Reisen quer durch Europa unternommen. Sein Vermögen, dessen Grundstein eine Zuckerrohrplantage war, steckt gewinnbringend in einer Handelsgesellschaft in Liverpool.

Als Alexandrine Pieternella Francoise am 17. Oktober 1835 in Den Haag geboren wird, zieht Philip sich aus seinen Geschäften zurück und überlässt seinen Posten den beiden Söhnen aus erster Ehe, denn er ist zu diesem Zeitpunkt schon 63 Jahre alt. Dennoch kommt sein Tod, neun Jahre später, völlig unerwartet, und es gibt Gerüchte über einen Giftmord. Alexines Erbe beläuft sich auf 33.000 Pfund und ist bis zu ihrem 21. Geburtstag fest angelegt. Die Mutter reist nun statt mit ihrem Mann alleine mit der Tochter, und je älter Alexine wird, desto weiter entfernt liegen die Reiseziele und desto länger werden die Routen. Alexine besucht keine Schule, sondern erhält Privatunterricht, auch auf ihren Reisen, und ihr besonderes Interesse gilt schon als Kind der Geographie. Durch den engen Kontakt zu den Söhnen Philip Tinnes, ihren Halbbrüdern, die in Liverpool leben, ist Alexine von klein auf mit der englischen Sprache vertraut. Auch Französisch wird ihr früh beigebracht, und auf jeder Reise beschäftigt sie sich intensiv mit der jeweiligen Landessprache, zum Beispiel Spanisch und Norwegisch.

Eine unglückliche Liebesgeschichte Alexines treibt im Jahr 1855 Mutter und Tochter zu größerer Reiseaktivität, der sogenannten »Grand European Tour«, die zumal alle Engländer von Stand zu dieser Zeit absolvieren. Sie gipfelt schließlich in der ersten Orientreise. Am 17. Dezember 1855 erreichen die beiden Damen Alexandria, und Alexine macht sich unverzüglich ans Studium der arabischen Sprache. Dann siedeln sie über nach Kairo in das noch relativ unbekannte Shepheard's, besichtigen die Cheopspyramide in Gizeh und planen eine Reise auf dem Nil, wie sie jeder Ägyptenreisende macht. Henriette schreibt darüber:

> *Das Boot, mit dem wir reisen, wird Dahabije genannt, es ist sehr bequem. Es verfügt über einen Salon und fünf Schlafkabinen, die sauber und ordentlich sind. Wir haben 14 Bootsleute, der Kapitän inbegriffen, des weiteren einen Dragoman, der verlässlich, aber sehr alt ist. Er hat seine erste Reise mit Champollion gemacht und kennt sich mit den Altertümern aus, und er sorgt auch für unser Essen. Dann gibt es da noch einen Koch, einen Kellner, den Sohn des Dragoman und einen schwarzen Sklaven.*

So bequem reisend, besuchen sie Luxor, von wo aus sie Exkursionen machen und alle auch heute noch bekannten Sehenswürdigkeiten besichtigen.

Während der Sommermonate machen sie eine Rundreise durch Palästina, und Alexine schmiedet Pläne für eine weitere Nilfahrt. Henriette lässt ihre Tochter gewähren und unterstützt sie bei der Realisierung und vor allem in den Fragen der Finanzen. Schon bei dieser zweiten Nilfahrt schweben Alexine ungewöhnliche Reiseziele vor, und immerhin dringen die beiden Holländerinnen bis nach Wadi Halfa, einem Ort nahe der Grenze zum Sudan, vor und besichtigen den damals noch kaum bekannten Felsentempel in Abu Simbel. Als sie nach zwei Jahren und zwei Monaten nach Den Haag zurückkehren, spricht Alexine schon ganz passabel Arabisch, und ihr Wunsch nach einer weiteren Orientreise steht außer Frage. Dank der treuen Sorge ihrer Halbbrüder hat sich ihr Vermögen im Lauf der Jahre verdoppelt. Alexine, nunmehr die reichste Erbin Hollands, ist inzwischen 22 Jahre alt und kann selbst darüber verfügen. Obwohl sie eine attraktive Person ist, die mit ihrem schlanken Wuchs, ihren ebenmäßigen Zügen und ihrem sicheren Auftreten eine starke Ausstrahlung besitzt, kommt es zu keiner weiteren Verliebtheit oder gar Heirat. Im Gegenteil, Alexine vermeidet Kontakte mit europäischen Männern und zieht ihnen die Gesellschaft von Tieren, insbesondere von Hunden, entschieden vor. Trotz allem vergehen vier lange Jahre, ehe sie wieder nach Ägypten reist.

Die erste Expedition hat sie nun mit Mutter und Tante im Schlepptau überstanden, die zweite Expedition soll – mit wesentlich größerem Aufwand für alle Eventualitäten ausgestattet – in Begleitung von zwei Wissenschaftlern durchgeführt werden.

Theodor von Heuglin berichtet über die Dimensionen des Unternehmens:

> *Unsere Expedition bestand nun im Ganzen aus dem schon erwähnten Dampfboot, das mehr als Schleppschiff dienen sollte, aus zwei großen Dahabijen und drei Transportschiffen der Neger.*

Auf den Transportschiffen sind außer Nahrungsvorräten vor allem vier Lastkamele, 25 Esel, ein Pferd und natürlich Matrosen und Soldaten sowie die Wissenschaftler Heuglin und Steudner untergebracht. Alexine und Henriette Tinne logieren samt Kammerfrauen, einigen Sklavinnen, einem Italiener, der das Dampfschiff befehligt, einem türkischen Leutnant mit zehn Mann Infanterie, einigen arabischen Schreibern und Rechnungsführern und 20 Berbern als Mietsoldaten auf einer Dahabije. Auf der anderen fährt Baron von Arkel d'Ablaing mit, der sich in letzter Minute dem ganzen Unternehmen anschließt. Als die gesamte Expedition den Hafen mit Trommelschlag und Gewehrfeuer verlässt, erregt sie nicht nur in Khartum große Aufmerksamkeit, sondern auch in Holland und England. John Tinne informiert sogar die *Times*, damit die Weltöffentlichkeit an dem Abenteuer teilhaben kann.

Alexines Entschlossenheit ersetzt zum Teil einen konkreten Plan für Ziel und Vorgehensweise. Nur mit dem groben Vorsatz, den Bahr el-Ghazal hinaufzufahren und dann über Land nach Südwesten in das Gebiet der Niam-Niam, einem kannibalischen Eingeborenenstamm, vorzudringen, setzt sich die Expedition in Bewegung. Aber schon bald zeigen sich die ersten Schwierigkeiten: Der Bahr el-Ghazal führt zu wenig Wasser, und dem Dampfer, der als Schleppfahrzeug gedacht ist, werden die Schaufelräder abmontiert, weil er selbst geschleppt werden muss. Durch den Zeitverlust, der daraus entsteht, rückt die Regenzeit bedrohlich näher. Ein Teil der Lasttiere geht während der Reise einfach zugrunde und fehlt nun als Transportmittel für den Weg in die Berge. Heuglin schlägt vor, auf die umfangreiche Ausrüstung der Damen zu verzichten und nur

mit dem Nötigsten ins Gebirge zu marschieren, während d'Ablaing mit dem Dampfer zurück nach Khartum fährt und sich um Proviantnachschub kümmert. Dieser Vorschlag trifft bei Henriette auf strikte Ablehnung, denn sie ist nicht gewillt, auf ihren gewohnten Komfort zu verzichten, nachdem sie ja immerhin enorme Summen für die Expedition ausgegeben hat. Schließlich einigt man sich darauf, dass die Damen Tinne in Meschra er-Req, einem Händlerstützpunkt, warten und Heuglin und Steudner den Weg in die Berge erkunden und sich um Träger bemühen. Die benötigte Anzahl an Trägern aufzutreiben – etwa 200 Mann – erweist sich als fast unmöglich, und Steudner erkrankt in einem kleinen Eingeborenendorf namens Wau am Fieber. Er stirbt im Alter von nur 31 Jahren.

Als Heuglin erschüttert nach Meschra er-Req zurückkehrt und die gesamte Expeditionsgesellschaft endlich aufbricht, ist auch er krank, und im nächsten Ort fangen die Träger an zu meutern, weil sie ihre gewohnte Hirse nicht bekommen. Alexine gelingt es, sie zu beruhigen, und Heuglin übersteht das Fieber. Doch als die Expedition weitermarschiert, bricht schon die Regenzeit an. Alexandrine zeigt jetzt ihren eisernen Willen und lässt sich sogar von einem Aufstand ihrer Soldaten nicht irritieren. Die Expedition marschiert weiter, von Alexine vorangetrieben.

Während die Natur durch den lange erwarteten Regen erblüht, wird eine Vielfalt von unbekannten Pflanzen gezeichnet, gesammelt und notiert. Die Expedition arbeitet sich weiter in Richtung Dembo vor, einem westlichen Quellfluss des Bahr el-Ghazal, wo sie auf die Handelsstation des Händlers Busaili trifft. Von den Eingeborenen haben die Abenteurer bisher nur Gastfreundschaft erfahren; Henriette schreibt darüber:

> *Wir sind immer nur kurze Zeit unterwegs und finden stets gegen vier Uhr ein Dorf, wo wir die Nacht zubringen können. Wir machen an einem geeigneten Platz Halt und lassen den Häuptling holen, der die nötigen Anweisungen erteilt und unseren Gastgeber auswählt, der seine Hütte ausräumt und sie uns für die Nacht zur Verfügung stellt. Sie haben sich uns gegenüber immer freundlich und willig gezeigt, eine Anzahl von Hütten zu räumen. Es gibt da immer eine große Hütte, die der Unterbringung der Kühe dient: Hier beziehe ich mit Flora, den Hunden und dem Gepäck Quartier. Alexine und Anna beziehen eine andere Hütte, aber die größere Hütte für die Kühe weist eine tiefer gelegene Tür auf, so dass ich diese Hütte vorziehe.*

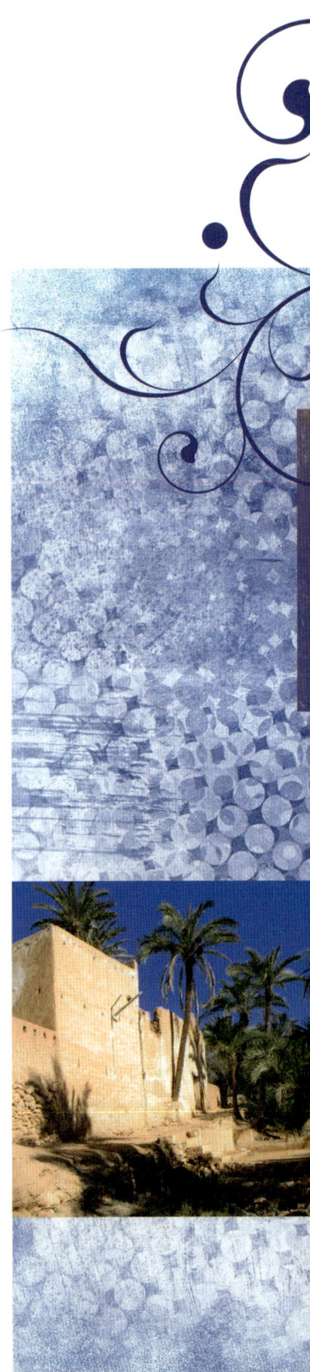

Auch Busaili empfängt sie mit arabischer Gastfreundlichkeit, doch dann versucht er mit Wucherpreisen so viel wie möglich aus der Expedition herauszuschlagen. Endlose Verhandlungen verzögern die Weiterreise, und schließlich sieht man sich gezwungen, in nächster Nähe einen brauchbaren Lagerplatz zu finden, um die Regenzeit zu überstehen.

Alle europäischen Mitglieder der Expedition sind nun erkrankt und werden – der eine mehr, der andere weniger – von Fieberanfällen geschüttelt. Seit dem Aufbruch sind sieben Wochen vergangen, und noch während Heuglin dabei ist, einen geeigneten Platz in ein festes Lager zu verwandeln, wird Henriette Tinne von der Ruhr befallen. An dem Tag, an dem das neue Camp bezogen werden soll, verstirbt sie überraschend und sehr plötzlich:

Am Sonntagabend war alles bereit, all ihre Sachen waren gepackt, als an eben diesem Morgen sie ungewöhnlich lange schlief. Ich sah mehrere Male nach ihr, wollte sie aber nicht aufwecken, bis schließlich die Zofe genauer hinsah und entdeckte, dass sie tot war.

Die Mutter war Alexines engste Vertraute, die Person, die ihr am nächsten stand, die sie bei all ihren Plänen und abenteuerlichen Vorhaben unterstützt hat. Alexine ist so geschockt, dass jegliche Aktivität zum Erliegen kommt. Da während der Regenzeit keine Schiffe die Landungsstelle Meschra er-Req erreichen, sitzt die Expedition fest und muss ein halbes Jahr abwarten, ehe sie nach Khartum zurückkehren kann. In dieser Zeit verliert Alexine auch noch ihre beiden holländischen Zofen, die sie von Anfang an begleitet haben.

Vom Fehlschlag ihrer Expedition gezeichnet, zieht sich Alexine auf eine abgelegene Düneninsel vor Khartum zurück, denn eine Rückkehr nach Europa kommt für sie nicht in Frage. Zu hochfliegend waren ihre Pläne, zu groß wäre ihre Niederlage. Ihre Tante Adriana, die Baronesse von Capellen, die bis zu ihrer Rückkehr treu im unwirtlichen Khartum ausgeharrt hat, stößt zu ihr und tröstet sie. Doch dann passiert das Unfassbare: Auch Adriana stirbt. Völlig zerstört schreibt Alexine an ihre Tante Jemima, die eine Schwester von Henrietta und Adriana ist:

Ich war so sehr von Kummer erfüllt, dass ich tagelang auf meinem Bett lag und nur nicht zu denken versuchte. Es erschien mir zu ungeheuerlich und unheimlich, solch eine endlose Folge von Kümmernissen, und ich fühlte mich sehr elend. Tante Addy, die ein ganzes Jahr über gesund gewesen war, starb bei meiner Rückkehr. Dein Kummer wird endlos sein, doch ich glaube, sogar Du kannst Dir nicht vorstellen, wie groß mein Kummer war. Es geschah alles so plötzlich, dass ich es kaum fassen konnte, und in all meinem Kummer, dem neuen Unglück und dem alten, vergaß ich, was ihn bewirkt hatte, und stellte mich darauf ein, sie jeden Augenblick zu sehen, oder dachte daran, ihr etwas zu sagen. Doch dann überkam mich die Wahrheit jedesmal von neuem: Sie ist tot. Sie sind alle tot!

Obwohl sich zwischen Heuglin und Alexine kein freundschaftliches Verhältnis entwickelt hat, reisen sie gemeinsam über Berber, Suakin und Djidda nach Kairo. Sie logieren stets getrennt: Heuglin sehr bescheiden und einfach, Alexine, von einer Reihe von Sklaven und viel Personal begleitet, so komfortabel wie möglich.

Noch einmal setzt sie sich gegen die Sklaverei ein und wendet sich an die Behörden und höhere Stellen der Regierung, jedoch ohne Erfolg. Vielleicht widmet sie sich deshalb in Kairo der Rettung alter und kranker Tiere und eröffnet eine Art Tierheim. Wenn sie schon an der Sklaverei nichts ändern kann, dann wenigstens am Schicksal einiger Tiere. Ihre Entscheidung, im Orient eine neue Heimat zu finden, steht fest und schlägt sich auch in ihrer Kleidung nieder. Den halb verfallenen Herrensitz, dessen Haremsgemächer sie bewohnt, richtet sie hauptsächlich mit orientalischem Mobiliar ein. Doch schon nach kurzer Zeit packt sie wieder die Unruhe. Eine Cholera-Epidemie liefert ihr genug Grund, mit Sack und Pack nach Alexandria zu reisen und dort eine Segeljacht zu mieten. Ihr Gefolge besteht inzwischen aus 18 Personen durchweg brauner Hautfarbe, die sich ihr freiwillig angeschlossen haben und denen sie Schutz und Versorgung gewährt.

Anderthalb Jahre segeln sie zusammen auf dem Mittelmeer, bis Alexine beschließt, nach Algerien zu fahren, um sich dort wieder einen festen Wohnsitz zu schaffen. Algerien ist unter französischer Herrschaft, und sie hofft, dort einen Ort zu finden, an dem ihre Leute frei und sicher leben können. Mit Hilfe ihres Halbbruders John erwirbt sie eine eigene Segeljacht, die *Möwe*, und vertraut sich unter Kapitän Wilhelmie einer holländischen Crew an, was fast ein wenig verwunderlich ist, denn Alexine hat eine alles andere als hohe Meinung von Europäern:

Wenn man lange Zeit im Orient gewesen ist, vergisst man, dass es noch so etwas in der Welt gibt, das Vulgarität heißt. Die Menschen im Osten weisen alle Untugenden und Fehler auf, die man sich denken kann, aber Vulgarität ist darunter nicht zu finden, bei den Menschen nicht und auch nicht in ihrem Land, und ich bin entsetzlich geschockt gewesen, dieser europäischen Eigenart, an die ich nicht mehr gewöhnt war, wiederzubegegnen.

Alexines Wahl stellt sich als gut heraus. Der Kapitän und seine Matrosen verstehen sich mit ihr und ihrem Tross so hervorragend, dass sie in Algier mit in das von Alexine gemietete Haus übersiedeln.

Es vergeht kein Tag, wo Kapitän Wilhelmie sich nicht vor Lachen biegt angesichts der lustigen Familie, die wir abgeben, und der sonderbaren Seereise, auf die er sich eingelassen hat. Seine Hauptaufgabe besteht neuerdings darin, als Vater für seine Matrosen zu fungieren und sie zur Kirche zu geleiten, damit sie dort getraut werden. Jede Woche hat eine Hochzeit stattgefunden. Oh ihr Lieben, es ist so eine spaßige Sippschaft: all die gestrandeten Matrosen, Araber, Schwarze und französische Ehefrauen, alle unter einem Dach. Es ist gewiss nicht ganz billig, aber man hat wenigstens etwas zu lachen für sein Geld.

Der Friede ist allerdings nur von kurzer Dauer, denn Algerien selbst ist eine Enttäuschung:

> *Es gibt kein Leben, keinen Handel, kein Kunsthandwerk, nichts. Alles scheint zu verrotten (vergebt mir den geschmacklosen, aber zutreffenden Ausdruck), jeder liegt in Lumpen zusammengerollt, da wo er geboren ist, unwissend und achtlos, ohne sich darum zu kümmern, was zwei Tagesreisen von ihm entfernt passiert.*

So bricht sie bald wieder die Zelte ab und stürzt sich mitsamt ihrem Gefolge in ein neues Abenteuer. Diesmal sind es die berühmt-berüchtigten Tuareg, die ihre Neugier wecken.

Sie verkauft kurzerhand die *Möwe*, denn die Reise soll bis zum Ahaggar-Massiv durch die Wüste gehen, dem Siedlungsgebiet der Tuareg, und so macht sie sich mit deren Sprache vertraut. Überhaupt müssen umfangreiche Reisevorbereitungen getroffen werden, denn in Algerien ist das Reisen nicht üblich und deshalb erst recht unsicher. Alexine und ihrer Karawane gelingt es, bis an den Rand der Sahara vorzustoßen, doch dann machen Aufstände an der marokkanischen Grenze die Weiterreise unmöglich. Auch der Versuch, über eine andere Route nach Souf, einer Oasenlandschaft im nördlichsten Winkel der Sahara, zu gelangen, scheitert wegen zu großer Unruhen. Aber Alexine lässt sich von ihren Plänen nicht abbringen. Sie nimmt ein Schiff nach Tripolis, um sich von dort aus Richtung Süden zu wenden.

In Tripolis begegnet sie Gustav Nachtigal, einem deutschen Mediziner, der bereits fünf Jahre in Tunis verbracht hat. Seine Leidenschaft ist die Erforschung Afrikas. Auch er bereitet eine Expedition in die Wüste vor. Trotz deutlicher Sympathie schreibt Nachtigal:

> *Ihre großen Mittel und ihr zahlreiches zusammengewürfeltes Gefolge ließen mir die gemeinschaftliche Reise nach Murzuq, unserem nächsten Ziele, nicht besonders wünschenswert erscheinen, und ich ließ sie, da sie ihre Vorbereitungen beendet hatte, vorausreisen, zumal die vollständige Sicherheit, welche in den tripolitanischen Staaten herrschte, es gestattete, allein zu gehen.*

Wieder einmal eilen Alexine der Ruf sagenhaften Reichtums und der Titel »Bent el-Re« – Tochter des Königs – voraus, bis nach Mursuk, einem unscheinbarem Nest, Ausgangspunkt für die eigentliche Expedition. Als Nachtigal drei Wochen später in Mursuk eintrifft, erkrankt Alexine an einer Blinddarmentzündung, und obwohl Nachtigal selbst mit Malaria zu kämpfen hat, steht er ihr wochenlang zur Seite. Kaum ist sie gesundet, erwacht ihre Abenteuerlust erneut. Eine einzige Expedition scheint ihr diesmal nicht genug, und so plant Alexine, mit Gustav Nachtigal im Anschluss nach Bornu zu reisen. Auch ist Nachtigal Alexine bei den Behörden behilflich. Dabei stellt er fest, dass man ihr trotz ihres Beinamens

»Königstochter« mit Misstrauen und Zurückhaltung begegnet. Der Grund dafür ist ihre gänzliche Männerlosigkeit. Eine Frau in Alexines Alter, die derart reich ist, aber weder Ehemann noch Liebhaber mit sich führt, erscheint nicht ganz geheuer. So ranken sich die verrücktesten Gerüchte um Alexine, wie zum Beispiel, dass ihr riesiger Lieblingshund ein verzauberter Mann sei.

Drei Monate vergehen, ehe Alexine und Gustav Nachtigal Abschied nehmen und Alexine mit ihrer Wahlsippschaft auf dem Karawanenweg nach der Oase Wadi al-Gharbi aufbricht.

Es kommt zu einer ersten Begegnung mit den Tuareg und deren Anführer Ichnuchen.

> *Ich kann sagen, dass ich – mit dem kargen wilden Tal … als Hintergrund – noch nie einen so eindrucksvollen und erhabenen Anblick erlebt habe: diese bunten Farben, die kriegerische Erscheinung, all der Schmuck und die Eleganz der Dromedare mit ihren langen, schlangenartigen Hälsen! Man kann es nicht beschreiben! Aber es war ein dramatischer Augenblick, und wenn sie nach Europa kämen in all ihrer Pracht, so bin ich sicher, dass das Herz so manchen jungen Mädchens höher schlagen würde beim Anblick dieser stattlichen Tuareg, mögen sie auch Barbaren sein, und so mancher Junge würde davon träumen, sich zu ihnen zu gesellen.*

So sehr Alexine von den Tuareg fasziniert ist, flößen sie ihr doch auch gehörigen Respekt ein. Obwohl Ichnuchen ihr anbietet, unter seinem Schutz nach Ghat, dem eigentlichen Siedlungsgebiet der Tuareg, zu reisen, zieht sie es vor, noch einmal nach Mursuk zurückzukehren.

Ichnuchen gibt ihr einen seiner Vertrauten mit, der für sicheres Geleit sorgen soll. Doch in Mursuk, während Alexine Geschenke besorgen lässt und eine Reihe von Briefen schreibt, drängt sich ihr ein Tuareg namens Hadji el-Scheik Bu Bekr mit seinen Männern auf. Er ist ein Neffe Ichnuchens, und Alexine willigt widerstrebend ein, dass er ihre Karawane begleitet.

Am 21. Juli 1869 setzt sich die Expedition in Bewegung, doch bald weigern sich die Kameltreiber weiterzuziehen, und Bu Bekr fordert Geschenke und Speisen für sich und seine Männer.

Alexine überlegt, das ganze Unternehmen abzubrechen. Der Vertraute von Ichnuchen plädiert dafür weiterzuziehen und verspricht, sie sicher nach Ghat zu bringen. Um den Ruf ihres Begleiters und dadurch auch Ichnuchens nicht zu schädigen, entscheidet sie sich für die Weiterreise. In einem Wadi, einem ausgetrockneten Flussbett, kommen sie zu einer Oase, die den Namen Aberdjudj trägt, und schlagen dort ihr Lager auf. Am nächsten Morgen jedoch, am 1. August, kommt es zu einem Streit zwischen den Kameltreibern. Während der Tumult immer mehr zunimmt, mischen sich Hadji el-Scheik Bu Bekr und seine Tuareg ein. Sie bringen die einzigen Weißen, zwei holländische Matrosen, um, treiben die fliehenden Diener und Frauen zusammen und machen sich an den Kisten in den

Zelten zu schaffen. Als Alexandrine Tinne, noch im Nachtgewand und unbewaffnet, aus dem Zelt tritt, sind die Kisten aufgebrochen. Auf ihre Frage, was los sei, erhält sie statt einer Antwort einen Hieb mit dem Säbel auf die linke Schulter. Sie stürzt, versucht aber, sich gleich wieder zu erheben. Woraufhin ihr Hadji el-Scheik einen weiteren Schlag versetzt, der sie endgültig niederstreckt. Schwer verwundet bleibt Alexine liegen und ruft um Hilfe, doch ihr Gefolge wird unter Gewaltandrohung davon abgehalten, sich ihr auch nur zu nähern. So liegt Alexine stundenlang, immer wieder um Hilfe bittend, am Boden und verblutet langsam. Am Nachmittag bindet sie ein Diener an ein Seil und schleift sie vor das Lager. Dort wird sie bis auf Hemd und Hose entkleidet und einfach der Sahara überlassen.

B. A.

Bibi Bwana auf Safari

May French Sheldon (1847-1936)

Amerikanische Forschungsreisende

Beim letzten steinigen Aufstieg hört man schon »ein entferntes Summen und Raunen und hin und wieder einen schrillen Ton dazwischen«. May Sheldons Spannung steigt. Sultan Mireali ist einer der mächtigsten Männer Ostafrikas. Was wird er sich zu ihrem Empfang einfallen lassen? Vom Grat aus bietet sich »ein märchenhafter Anblick«: »Mindestens 2000 bis 3000 Menschen in leuchtend roten flatternden Gewändern rannten wie schwärmende Bienen aufgeregt im Kreis herum.«
Schließlich entdeckt sie den magnetischen Pol, um den sich die Menschenmenge schart:

> *Auf einem Steinblock stand eine Gestalt, ein großgewachsener, vornehmer Eingeborener in einem unmöglichen Aufzug, er trug deutsche Offiziershosen …, einen schottischen Jagdrock mit grellem Einstecktuch, Juchtenlederschuhe und gemusterte Seidensocken. Sein edel geformter Kopf war von einer auf dem Hinterkopf sitzenden Melone verunstaltet, und in seinen Ohrläppchen steckten Stachelschweinstacheln. Dieser Clown war also Mireali, der unstreitig bestaussehende Eingeborene Ostafrikas, der nobelste und majestätischste Sultan, wenn nicht der mächtigste.*

Unter vier Augen fragt die Amerikanerin unverblümt: »Mireali, warum tragen Sie diese Kleider? Sie sehen darin aus wie ein Affe. Ich möchte Sie in Ihren traditionellen Gewändern sehen, als Mireali, den berühmten afrikanischen Sultan, der Sie sind.«

Was der Fürst dabei denkt, bleibt sein Geheimnis. Am nächsten Morgen erscheint er aber in einem langen Umhang, der Mays Beifall findet. Dabei tritt sie ähnlich extravagant auf, um die Stammeshäuptlinge zu beeindrucken: im glitzernden Ballkleid, mit wallender blonder Perücke und einem Schwert an der Seite – ein Aufzug, der seine Wirkung nicht verfehlt:

> *Meine Hofrobe war eine Quelle grenzenloser Bewunderung, nicht nur von Seiten Mirealis, sondern aller eingeborenen Sultane. Mireali wollte wissen, aus was für einem Stoff sie war, und obwohl Josefe [der Dolmetscher] genau wusste, dass ich Amerikanerin war, erklärte er prompt, dass die Seide und*

der Silbertüll darüber Stoffe seien, die einzig und allein von Königinnen wie Bibi Bwana getragen würden.

Ihre theatralischen Auftritte tragen May Sheldon den Ruf einer Exzentrikerin ein. In *Bibi Bwana*, dem Bericht ihrer ersten Afrika-Expedition, zeichnet sich jedoch ein anderes Bild ab: Neben ihrer Zeitgenossin Mary Kingsley ist die vermeintlich so spleenige Amerikanerin eine der ersten, die Afrikaner und afrikanische Kultur einfühlsam beschreiben.

May Sheldons Familie gehört zum »alten Adel« des amerikanischen Südens. Ihre Mutter Elizabeth, die »berühmte Dr. French«, interessiert sich jedoch mehr für die neu entdeckte Elektrotherapie als für die riesigen Baumwollplantagen. Bei Ausbruch des Bürgerkriegs emigriert die Familie nach Italien, wo May die Erziehung einer Tochter aus reichem Haus genießt. Sie studiert zunächst Literatur und Geschichte, sattelt dann um und erwirbt einen Abschluss in Medizin.

Bleibenden Eindruck hinterlässt ihre Begegnung mit Sir Henry Morton Stanley, der zum Freundeskreis ihres Vaters zählt. Stanleys Bücher sind Bestseller, seine berühmte Frage »Dr. Livingstone, I presume« – Dr. Livingstone, nehme ich an – ist in aller Munde. May lernt ihn zwischen zwei Reisen kennen, und was er von Afrika erzählt, wirkt in ihr nach.

Doch erst lässt sie sich auf ein anderes Abenteuer ein – die Liebe. Als sie den Geschäftsmann Eli Lemon Sheldon kennenlernt, ist sie 35 Jahre alt und hat bereits eine Scheidung hinter sich. Die Widmung ihres Buchs zeigt, dass ihr in zweiter Ehe mehr Glück beschieden ist:

Eli Lemon Sheldon gewidmet, dem ich alles verdanke, was ich verwirklicht habe. Er war mein Ansporn, mein Kritiker, mein Berater, meine Zuflucht, mein Anker, mein Verbündeter, mein Freund, mein Kamerad, mein Gatte …

Als reiche Erbin und Unternehmergattin müsste sie nicht arbeiten, doch die Tochter einer erfolgreichen Mutter sucht ein eigenes Betätigungsfeld: Sie gründet ein Verlagshaus, veröffentlicht Witze und

Novellen und betätigt sich als Übersetzerin, ehe sie, vom Erfolg beflügelt, einen eigenen Roman in Angriff nimmt.

In dem Melodram *Herbert Severance*, 1889 geschrieben, gibt es eine Figur, die May auffallend ähnelt: Die Amerikanerin Edith zieht »aufgrund der kleinen Unstimmigkeiten zwischen dem Norden und dem Süden« mit ihren Eltern nach Europa, sie ist »eine ausgezeichnete Reiterin, eine gute Schützin« – das trifft auch auf May Sheldon zu: Sie ist sportlicher, als schicklich ist, und sie ist stolz darauf. Während aber Edith sich mit sportlichen Erfolgen begnügt, will May einen Beruf ausüben:

> *Erstens einmal, um, wenn nötig, Geld zu verdienen; zweitens, weil die Ausübung eines Berufes ein verbrieftes Menschenrecht sein müsste, für Männer wie für Frauen, die das Bedürfnis oder ganz einfach Lust dazu verspüren; drittens, um ein Ziel im Leben zu haben, … und schließlich aus Ehrgeiz, aus dem legitimen Bedürfnis heraus, bewundert zu werden, anerkannt und einflussreich.*

Der Roman ist kein Flop, offenbar aber auch nicht der Erfolg, den May sich versprochen hat. Jedenfalls beschließt die 43-Jährige, sich auf einem anderen Gebiet zu verwirklichen. Sie will wie der bewunderte Stanley nach Afrika reisen, mit dem Ziel, wissenschaftlich bedeutsame Informationen über Land und Leute zu sammeln. Anfang 1891 sind die letzten Vorbereitungen getroffen. May reist alleine, ihr Gatte lässt sie ziehen. Doch der Abschied fällt beiden schwer: »Das trotzig Lebewohl winkende Taschentuch war bald tränennass …«

Bei der Ankunft in Mombasa sieht es aus, als sei Mays Vorhaben zum Scheitern verurteilt – die British East African Company stellt sich quer:

> *Kurzum: Man befürchtete, eine von einer Frau angeführte Karawane könnte unter den Eingeborenen im Landesinneren Tumulte auslösen, die Company in Schwierigkeiten bringen und ihr Kosten für meine Rettung verursachen.*

May lässt sich jedoch nicht abweisen, bis ihr der Kolonialbeamte George Mackenzie einen Kompromiss vorschlägt: »Wenn Sie es schaffen, in Sansibar eine Karawane zusammenzustellen, werde ich Ihnen keinerlei Hindernisse in den Weg legen.« Er muss gewusst haben, was May widerfahren würde:

> *In Sansibar musste ich leider feststellen, dass mein weltweiter Ruf einer Wahnsinnigen mir vorausgeeilt war … Allein schon der Gedanke, eine Frau könnte so tollkühn oder so bodenlos naiv sein, um den Versuch wagen zu wollen, von der Ostküste aus ins Landesinnere Afrikas bis südlich des Kilimandscharo vorzudringen, dem Schauplatz kürzlicher Massai-Überfälle. Und dies zu einem Zeitpunkt, da die Deutschen in jenen Gebieten große Unruhen ausgelöst hatten … Hatte man schon so etwas gehört? Lächerlich, absolut lächerlich! … Sansibarische Träger würden sich niemals dazu überreden*

lassen, einzig und allein von einer Frau angeführt auf Safari in eine Gegend zu gehen, die von blutrünstigen räuberischen Massai terrorisiert wurde.

Mit der ihr eigenen Hartnäckigkeit wendet sich die Amerikanerin direkt an den Sultan. Der Potentat ist neugierig auf die Fremde und erklärt sich bereit, sie zu empfangen. Diplomatie gehört jedoch nicht zu May Sheldons Stärken:
Die denkwürdige Begegnung endet damit, dass May einen Empfehlungsbrief bekommt, der es ihr ermöglicht, eine Karawane zusammenzustellen. Angeführt von dem erfahrenen Führer Hamidi, zählt der Tross über 150 Personen – vor allem Träger, dazu Dolmetscher und einige Schutzsoldaten. Im April 1891 macht sich die Karawane auf den Weg, beladen mit Säcken voller Lebensmitteln, Tauschgeschenken, Töpfen, Eimern, Schlafmatten für die Männer, den Tüchern, aus denen sie ihre kleinen Zelte errichten und die sie tagsüber als Turban um den Kopf wickeln, mit Werkzeug, Medikamenten und Hängematten für die Kranken. Als May feststellen muss, dass die Träger sich weigern, ihresgleichen zu tragen, findet sie überzeugende Argumente:

… morgen könntest ja auch du krank sein, und wenn du heute nicht bereit bist, deinen Kameraden zu tragen, wer wird dann bereit sein, dich zu tragen, falls du krank wirst? Wir werden dich deinem Schicksal überlassen müssen, den wilden Tieren ausgeliefert. Komm schon, tu deine Pflicht.

Obwohl die Träger bewaffnet sind, droht beim ersten Alarm Panik auszubrechen: »Simama, bibi!«, schreit einer der Wachleute, »Stehenbleiben, Lady!« Er zeigt auf ein paar verschwommene Gestalten in der Ferne. May hat genau festgelegt, was nun geschieht: Mit ihrem Dolmetscher Josefe geht sie den Leuten entgegen, schwenkt eine Friedensfahne und verteilt Ringe, in die ihr Name geprägt ist.

Josefe teilte ihnen in einer sorgfältig vorbereiteten Ansprache mit, Bibi sei eine weiße Königin, die, mit grenzenloser Macht ausgestattet, gekommen war, um sich mit ihnen anzufreunden und ihnen viele wunderbare Friedenszeichen zu bringen. Als Antwort stießen sie schrille ›A-i-e! A-i-e!‹ aus, steckten dann flüsternd die Köpfe zusammen, warfen mir verstohlen neugierige Blicke zu und tauften mich schließlich auf den Namen ›Bibi Bwana‹ – ›Herr Lady‹.

Damit ist Mays afrikanischer Name geboren, den sie wie einen Ehrentitel trägt. Im Nachhinein denkt sie über die Panik ihrer Leute nach und beschließt, sie »mit noch unbeugsamerer Entschlossenheit« zu führen – drastische Strafen inklusive.

Ein zorniger Träger stach unbegründet wild auf einen seiner Kameraden ein und gefährdete dessen Leben ernsthaft. Er wurde gezüchtigt. Ein Träger packte die Tochter eines Häuptlings und schleuderte sie brutal auf die Erde, und dies lediglich, weil sie weiter Süßmais zum Verkauf angeboten hatte, nachdem er ihr befohlen hatte, das Camp zu verlassen, das, nebenbei gesagt, auf dem Marktplatz ihres Dorfes stand … der Mann wurde gezüchtigt. Ein aufbrausender Träger schoss auf den Headman … Er wurde gezüchtigt.

Sie habe geglaubt, ihre Karawane »mit Höflichkeit und moralischer Überlegenheit« führen zu können, rechtfertigt sie sich.

Diese Illusion wurde schon bald durch die Erfahrung zerstört … Gutes Zureden und zur Vernunft mahnen nützten rein gar nichts und wurden bloß spöttisch verlacht, wahrscheinlich erst recht, weil ich, ihr Anführer, eine Frau war.

Die nachdrücklichste Erfahrung ist eine Meuterei. Die Karawane gerät in unwegsames Gelände, die Träger werden unmutig, lassen ihre Ladungen fallen und behaupten, Bibi würde den Weg nicht kennen.

Ich reagierte sekundenschnell: Ein Geier flog über unseren Köpfen hinweg, ich zog meine Pistole, schickte ihm eine pfeifende Kugel hinterher, und er fiel zum Erstaunen meiner revoltierenden Männer genau vor meine Füße … Ich richtete meinen zornigen Blick auf jeden einzelnen Mann und rief: ›Los, aufstehen! Nimm deine Ladung! Eins! Zwei! Dr…!‹

Ehe sie bis drei gezählt hat, sind die Meuterer auf den Beinen. Dies ist der erste und letzte Aufstand im Lauf ihrer Safari. Auch weil die Männer und wenigen Frauen merken,

dass nur vorsätzlich handelnde Übeltäter die gerechte Strafe bekamen … dass ein Ja ein Ja war und ein Nein ein Nein; dass, wenn einer von ihnen krank wurde, ich ihn persönlich täglich pflegte, gebrochene Knochen richtete, ihre Wunden verband oder die notwendigen Medikamente verabreichte und befahl, sie zu tragen, wenn sie marschunfähig waren.

Damit erwirbt sich Bibi Bwana nicht nur den Respekt, sondern auch die Zuneigung ihrer Leute.

Es ist Regenzeit, die Wege sind morastig, es wimmelt von Moskitos, Sandflöhen und Zecken. May bekommt Blasen an den Füßen, denkt aber gar nicht daran, sich in ihrer Rattansänfte tragen zu lassen. Sie glaubt, dass die Fußmärsche sie vor Krankheiten bewahren, wie das abgekochte Trinkwasser und die saubere, trockene Kleidung. Auch »dieser oder jener kleine Luxus« wie die heißen Bäder, die weißen Tischtücher und Kristallgläser, die sie sich gönnt, stärkt ihrer Meinung nach das »körperliche und seelische Befinden«. Dennoch leidet die Expeditionsleiterin – und zwar an chronischer Schlaflosigkeit: »Je mehr wir uns von der Küste entfernten, desto mehr wuchsen … die Sorge um meine Männer und die namenlosen Ängste.«

Ihre Ängste sind nicht unbegründet: Eines Tages kommt der junge Träger Ferusa bin Sura nicht vom Wasserholen zurück. Als May sein Fehlen bemerkt, stellt sie sofort einen Suchtrupp zusammen. In der Dunkelheit hört man das Brüllen von Löwen. Plötzlich ertönen gellende Schreie. Der Suchtrupp erstarrt.

> *Schließlich entdeckten wir, dass der Junge in eine Schlucht gestürzt war, und die aufgeschreckten Löwen waren über ihn hergefallen. Es blieb uns nichts anderes übrig, als am nächsten Morgen nach seinen sterblichen Überresten zu suchen … Die Erinnerung an diesen Vorfall lässt mich nicht los, und nachts höre ich die markerschütternden Schreie.*

Ferusa ist der einzige ihrer Leute, den May tot zurücklassen muss.

Die Nachricht, dass eine große Safari unterwegs ist, mit Bibi Bwana, einer weißen Königin, an der Spitze, verbreitet sich in Windeseile von Stamm zu Stamm. Bei jedem Halt scharen sich Neugierige um Mays Zelt. Teils ist ihr das Aufsehen peinlich, teils kostet sie es ungeniert aus und schießt Leuchtraketen ab, um die Besucher »zu unterhalten«.

Im Gegenzug lässt May sich in Sitten und Bräuche und medizinische Praktiken einweihen. Sie erwirbt Speere, Schilde, Schmuckstücke, Lendenschurze – was immer ihr interessant und wertvoll erscheint. Ohne sich dessen bewusst zu sein, ist sie von den Völkern Afrikas fasziniert. Ein Aufenthalt beim Volk der Wataveta bringt sogar ihren Glauben an den Fortschritt ins Wanken:

Wenn ich mich mit ihnen über die englische Besetzung in ihrem Land unterhielt und über die Vorteile, die sie ihnen gebracht hatte, antworteten sie eher zweifelnd: ›Aie, aie; yoh, yoh‹, und ich hörte aus ihrer Antwort eine Spur Bedauern, und in ihrem Herzen, vermute ich, waren sie zufrieden, ihren glücklichen trauten Weg weitergehen zu können, ohne ihr Hirn mit Schulbildung, Regierung und verwirrenden Prinzipien zu belasten. Sie leben, um sich zu freuen, und freuen sich zu leben, und waren auf ihre Weise glücklicher als jedes Volk, dem ich begegnet bin.

Die Menschen nehmen in Mays Reisebericht viel mehr Raum ein als die afrikanische Landschaft. Das heißt jedoch nicht, dass sie kein Auge dafür hätte:

Hin und wieder erhaschten wir einen Blick auf den schneebedeckten Gipfel des Kilimandscharo … Die Träger gerieten aus dem Häuschen, und von der Spitze bis zum Ende erscholl der einstimmige Ruf: ›Kilimandscharo! Kilimandscharo!‹ Die atemberaubende Majestät der Landschaft erfüllte mein Herz mit Jubel … Hinter uns und auf beiden Seiten Bergketten, vor uns der Kilimandscharo und dazwischen Täler, steile Hügel und ineinander übergehende Savannen, auf denen sich wilde Tiere tummelten, silberne Seen und rauschende, ungestüm sich ergießende Bäche …

Mit dem englischen Residenten von Taveta und zweien ihrer Männer wagt sie auf Händen und Knien den steilen Abstieg zum Chalasee am Fuß des Kilimandscharo und lässt inmitten von Krokodilen ein Floß zu Wasser, um den geheimnisumwitterten Kratersee zu kartographieren:

Unbeschreibliches Glücksgefühl durchströmte mich … einen Ort zu entdecken, der noch nicht von der Anwesenheit des Menschen entweiht worden war.

Schließlich erreicht die Karawane die Grenze zum Land der Massai. Die erste Begegnung verläuft hochdramatisch. May hat versehentlich einen Grenzstein überstiegen, ihr Headman reißt sie zurück und warnt sie. »Noch ehe er zu Ende gesprochen hatte, stürzten aus dem Nichts an die 30 wild gestikulierende und Speere schwingende Massaikrieger auf uns zu.« Als sich die grimmigen Krieger mit Geschenken besänftigen lassen, folgert May:

Die Männer sind äußerst durchtrieben und große Maulhelden, die sich in lauter Imponiergehabe und Drohungen ergehen.

Dennoch bewundert sie die Krieger mit den rot und weiß bemalten Gesichtern, ihre prächtigen Speere und Schilde, die über den Kopf gestülpten Felle mit wild im Wind wehendem Schwanz und Mähne – »wahrhaftig, der afrikanische Kampfhahn, wie er leibt und lebt! … Doch wie bereits erwähnt: Hinter ihrer Grausamkeit steckt sehr viel Hokuspokus und Prahlerei.«

Und davon lässt eine May Sheldon sich bestimmt nicht abschrecken. Doch als sie wie geplant ins Kernland der Massai vorstoßen will, trifft sie auf ein Hindernis ganz anderer Art – Hamidi, der verlässliche Karawanenvorsteher, der ihr jeden Wunsch von den Augen abliest, verkündet kategorisch:

›Bibi Bwana, dorthin begleite ich Sie nicht; die Gefahr ist zu groß.‹
›Hamidi, soll das vielleicht heißen, dass du dich meinen Befehlen widersetzt?‹
Er pflanzte sich vor mir auf, schaute mir furchtlos in die Augen und antwortete: ›Bibi Bwana, ich habe dem Sultan von Sansibar und Bwana Mackenzie geschworen, Sie, soweit ich es vermag, vor allen Gefahren zu schützen und mein Leben für Sie hinzugeben, um Sie vor Leid zu bewahren. Hier, nehmen Sie diese Pistolen‹, und er zog seinen Revolver aus dem Gürtel, ›selbst wenn Sie mich töten, dorthin geh' ich nicht!‹
Eine heldenhafte Haltung! Ich nahm die mir hingehaltenen Pistolen, und ich weiß nicht, ob er meine Geste falsch deutete, jedenfalls knöpfte er, ohne zu zögern, seinen kanzu [Gewand] auf und stellte sich stoisch mit entblößter Brust vor mich hin: ›Bibi Bwana, ich bin bereit!‹

Die Karawane tritt den Rückweg an. Hamidi hat May überzeugt, dass ihr Vorhaben »ohne jeden Zweifel zur Ausraubung meiner Karawane und zur Ermordung all meiner Sansibarer geführt hätte – ganz zu schweigen von dem, was mit mir geschehen wäre.«

Doch May wäre nicht sie selbst, wenn sie sich nicht auf weitere Abenteuer einließe. Allen Warnungen zum Trotz nimmt sie eine Einladung von Sultan Mandara an, der für seine Brutalität, Verschlagenheit und Gier nach weißen Frauen berüchtigt ist. Zu Mays Erleichterung ist der Despot durch eine Lähmung an sein Lager gefesselt – und so liebenswürdig, dass sie seiner Bitte nachgibt, ihr Haar zu lösen. Mandara ist hingerissen: »Ngai, Ngai! Lauter Fäden aus Sonnenlicht!«

Bisher hat die unerschrockene Reisende alle Gefahren gemeistert. Doch das Schlimmste steht ihr noch bevor. Nach einer schlaflosen Nacht gibt sie ihrer Erschöpfung nach, lässt sich in der Sänfte tragen und steigt auch nicht aus, als die Karawane einen reißenden

Fluss überquert. In der Mitte der Brücke rutschen die Träger auf den glitschigen Bohlen aus und stürzen mit ihrer Last in die Fluten. Im letzten Moment gelingt es den Männern, May aus der Sänfte zu befreien. Als sie versuchen, sie die steile Uferböschung hinaufzuziehen, passiert das Unglück: Sie gleiten aus, lassen May erneut fallen, sie schlägt auf den Felsen auf und verletzt sich schwer an der Wirbelsäule.

> *... ich wurde schließlich schlaff und hilflos und überzeugt, für immer gelähmt zu sein, die Böschung hinaufgetragen. Als ich mich etwas vom Schock erholt hatte, war mir klar, dass es um Leben und Tod ging und alles davon abhing, wie schnell ich die Küste erreichte.*

Die Karawane legt bis zu 60 Kilometer am Tag zurück. Die Träger wechseln sich darin ab, Bibi Bwana zu tragen. »Tatsächlich entwickelte jeder Mann in der Karawane unerwartete Züge, und sie umsorgten mich mit Aufopferung und Warmherzigkeit.«

Mehr tot als lebendig erreicht May die Küste. Doch ihre Horrorreise ist noch nicht zu Ende. Auf dem Schiff wird die Schwerverletzte von einer Monsunböe gegen die Reling geschleudert: Schädelbruch. Der einzige Gedanke, der sie beherrscht, ist: »... wenigstens lange genug zu leben, um meinen Gatten noch einmal zu sehen.« Das Schicksal gewährt ihr diesen Wunsch und ist doch grausam. Wenige Monate nach Mays Heimkehr stirbt Eli, noch bevor sie ihr Buch zu Ende geschrieben hat.

»Hat es sich gelohnt?«, fragt sie im letzten Kapitel.

> *Ja, es hat sich gelohnt ... von den Fähigkeiten und Möglichkeiten der Ureinwohner Afrikas zu berichten, die ich stolz meine Freunde nenne.*

Stolz ist sie auch auf den Beweis,

> *dass, wenn eine Frau 1000 und mehr Meilen durch Ostafrika und selbst inmitten feindlicher Stämme reisen kann ... ohne Blutvergießen, dass die übertriebenen Maßnahmen der Möchtegern-Kolonisatoren völlig unnötig sind, grausam und bar jeglicher Menschlichkeit.*

Zwei Jahre später reist sie wieder nach Afrika, in den Kongo. Diesmal veröffentlicht sie keinen Reisebericht mehr, hält aber Vorträge und schreibt für wissenschaftliche Blätter und wird als eine der ersten Frauen in die Royal Geographical Society aufgenommen. Sie stirbt im Jahr 1936, im hohen Alter von 88 Jahren – nicht etwa auf einer gefahrvollen Reise, sondern in ihrer Wohnung in London, umgeben von Erinnerungsstücken aus Afrika. G. L.

Immer und überall tätig

Lina Bögli
(1858-1941)

Schweizer Lehrerin

Am 17. Juli, also gerade fünf Jahre nach meiner Abreise aus dem lieben alten Europa, machte eine Gesellschaft von uns einen Ausflug zu dem Krater des Haleakala. Die anderen waren alle zu Pferd. Doch ich hatte mir längst vorgenommen, den Weg zu Fuß zu machen, trotzdem oder gerade weil die Honoluluaner behaupteten, dass ich es nicht werde tun können, da man nie von jemandem gehört habe, der zu Fuß bis dort hinaufgegangen sei. Ich bin also nicht nur die einzige Frau, sondern, soviel man weiß, die einzige Person, die den imposanten Sonnenpalast eigenfüßig bestiegen hat. Läge er nicht in den Tropen, wo die Menschen gehfaul sind, so würde er schon von Tausenden bestiegen worden sein. Es gibt keine steilen Felsen, keine halsbrecherischen Abgründe, überhaupt gar nichts, was eine besondere Gewandtheit und Kühnheit im Bergsteigen erfordern würde. Man braucht nur gute Lungen, gesunde Füße und eine ziemliche Dosis Ausdauer zu haben; denn der Weg ist lang und langweilig, die zwei letzten Meilen ganz besonders; denn er führt durch fußtiefe Asche, in der das Steigen zur wahren Sisyphusarbeit wird, weil man, wenn man einen Schritt vorwärts macht, den größeren Teil wieder zurückgleitet. Schließlich erreichte ich aber doch den Gipfel und wurde dort auch vollständig für mein Bemühen belohnt.

Als Lina Bögli 1897 am Rande des größten Vulkankraters der Welt steht, ist sie 39 Jahre alt. Sie hat gerade die Hälfte ihrer zehnjährigen Weltreise hinter sich – eine Art selbstauferlegte Verbannung aus Europa. Eine unglückliche Liebesgeschichte mit einem polnischen Offizier hat sie einige Jahre zuvor zu dem ungewöhnlichen Entschluss getrieben, zehn Jahre alleine um die Welt zu reisen.

Der junge Offizier will Lina heiraten, doch sie besitzen nicht genügend Geld, um die Offizierskaution zu bezahlen, und weil Lina nicht will, dass er seine Karriere ihretwegen opfert, trennt sie sich von ihm. Als Lina Krakau am 12. Juli 1892 mit dem Wiener Schnellzug verlässt, handelt es sich also mehr um eine Flucht als um reine Abenteuerlust. Sie besitzt nicht viel. Im Gepäck eine Schiffskarte für eine Passage zweiter Klasse vom italienischen Hafen Brindisi nach Sydney, 400 Franken, die ihr gesamtes Erspartes sind, und ihr Schweizer Lehrerinnendiplom. Keine freudige Erwartung, aber ein eiserner Wille steht am Anfang ihrer Reise.

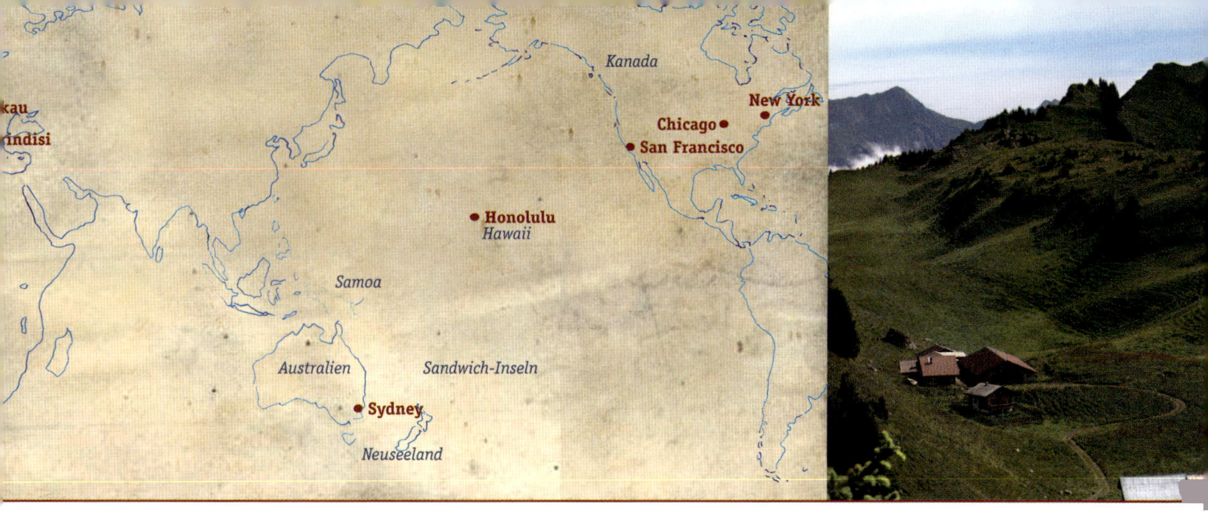

Einmal auf dem Schiff, wird mir wohl wenig übrig bleiben, und ich werde fast bettelarm das Leben in einem neuen Kontinent anfangen müssen. Das klingt alles sehr riskiert und unvernünftig, nicht wahr? Du wirst fragen, warum ich mir denn alle Möglichkeit zur Umkehr abschneide, warum ich mir nicht das kleinste Türchen zur Umkehr offen lasse, durch das ich im allerschlechtesten Fall nach Europa entschlüpfen könnte. Eben gerade das will ich nicht. Ich fürchte mich so sehr vor jener speziell schweizerischen Krankheit, dem Heimweh, und meiner eigenen Schwäche, dass ich alles aufbiete, um mir den Rückzug unmöglich zu machen.

Allzu groß kann diese »Schwäche« jedoch nicht sein, wenn man bedenkt, dass sich Lina Bögli mit Ausdauer und Ehrgeiz von einer armen Bauernmagd zu einer angesehenen diplomierten Lehrerin entwickelt hat.

Sie wird als jüngstes Kind eines Kleinbauern am 15. April 1858 in den Buchsibergen im bernischen Oberaargau geboren und auf den Namen Carolina getauft. Sie entstammt der zweiten Ehe des Vaters. Da sich dieser mehr für Geschichte sowie medizinische und technische Zusammenhänge interessiert als für die Wirtschaftlichkeit seines Hofes, muss Lina schon im Alter von zwölf Jahren als Kindermädchen in einer fremden Bauernfamilie im Jura arbeiten. Von dieser Zeit berichtet sie nichts Gutes: »Ich erhielt mehr Schläge als Unterricht, denn nur höchst selten wurde ich in die Schule geschickt, weil man mich zu Hause nötig hatte.«

Als sie nach einem Jahr zu ihrer Familie zurückkehrt, muss sie in der Schule eine Klasse wiederholen, und als sie ihren Wunsch äußert, an das erste staatliche Lehrerinnenseminar in der Schweiz gehen zu wollen, kann der Vater dieses Ziel wegen Geldmangels nicht unterstützen. Nach der Konfirmation muss sie, um die Eltern zu entlasten, wieder auf einem Bauernhof arbeiten. Die dort folgenden drei harten Arbeitsjahre ohne freie Sonn- oder Feiertage stählen sie für ihre späteren Unternehmungen:

Denn wäre ich im heiteren Familienkreis aufgewachsen oder hätte ich einen heiteren Kranz von Freunden um mich gehabt, so hätte ich meine Weltreise

gar nicht ausführen können; denn dann hätte ich die Einsamkeit, das seelische Alleinsein, nicht ertragen. Auch das Entbehren und Entsagen, das ich so früh lernen musste, kam mir auf meinen Reisen gut zustatten.

Um der aussichtslosen Enge ihrer Heimat zu entfliehen, bewirbt sich Lina als Kindermädchen im Ausland und wird schließlich von einer Schweizer Familie, die in Neapel lebt, engagiert. Den Wunsch, Lehrerin zu werden, begräbt sie jedoch nicht, und da es ihr gestattet ist, die Familienbibliothek zu benutzen, verbringt sie ihre freie Zeit meist lesend. Dort in Neapel erhält sie auch zum ersten Mal Einblick in das Familienleben wohlhabender Leute und lernt ganz nebenbei Hochdeutsch.

Nach drei Jahren sucht sie erneut eine Stelle und wird aus 100 Bewerberinnen von der gräflichen Familie Sczaniecki ausgewählt. Sie geht nach Galizien, um die vier Kinder zu hüten und bekommt Familienanschluss. Das Leben in der Familie Sczaniecki hilft Lina, ihre Bildung zu verfeinern, denn sie darf sowohl an den Tischgesprächen teilnehmen als auch den Vorträgen des Hausherrn über Kunst und Literatur lauschen. Die Gräfin erteilt ihr sogar Unterricht in französischer Grammatik. Nach acht Jahren hat sich aus dem Arbeitsverhältnis schließlich eine tiefe Freundschaft zwischen Lina und der Familie entwickelt. Als sie den Sczanieckis eröffnet, dass sie mithilfe ihres Ersparten einen zweijährigen Lehrgang an der Ecole Supérieure in Neuchâtel besuchen möchte, um das Lehrerinnendiplom zu erwerben, bestärken diese sie in ihrem Vorhaben. 1888 erhält Lina Bögli darum als älteste Schülerin das Diplom. Außerdem hat sie so gut mit ihrem Geld gehaushaltet, dass sie im Anschluss nach England reisen kann. Sie arbeitet dort zum ersten Mal als Lehrerin an einem Ladies College. Als sie ein halbes Jahr später mit gestärktem Selbstvertrauen nach Kwiatonowice zu ihrer »Wahlfamilie« zurückkehrt, kann sie auch noch Englischunterricht geben.

Auf ihrer Reise nach Australien und Neuseeland ist es auch ihrem guten Englisch zu verdanken, dass Lina immer wieder Arbeit als Lehrerin findet, wenn auch oft schlecht bezahlt. Diesen ungewöhnlichen Erfolg muss sie häufig erklären:

›Keinen Menschen habe ich gekannt, wie ich hier landete, und keiner hat sich meiner angenommen. Ich bin ganz einfach von Tür zu Tür gegangen wie ein

Hausierer und habe meine Ware angetragen‹, ist natürlich meine ständige Antwort auf diese Fragen. ›Das könnte ich nicht‹, sagt eine jede, ›das ist ja furchtbar unelegant und demütigend.‹ Das ist nun eben meine Methode; aber sie ist nichts desto weniger vollkommen ehrlich und auch, wie es scheint, wirksam. Im Kampf denkt der Soldat wohl nicht daran, seine Uniform zu schonen. Er denkt an den Sieg, und so dürfen wir auch im Kampf um das Dasein nicht zu superfein sein.

Nur wenn man die Sprache eines Landes beherrscht, kann man so direkt und erfolgreich in der Fremde kommunizieren. Lina verbringt vier Jahre in Australien, und es sind immer wieder freundschaftliche Beziehungen zu Schülerinnen, die ihr Einladungen auf Landgüter bescheren und ihr damit neue Einblicke in Lebensweisen und Gepflogenheiten der australischen Bevölkerung eröffnen.

Das australische Mädchen wird eben ganz anders erzogen als das europäische. Es tritt viel früher als unabhängiges Persönchen auf, darf als Backfisch mit seinen männlichen Bekannten ins Theater, ins Konzert oder spazieren gehen.

Meist ist Lina mit der Eisenbahn unterwegs und schreibt darüber:

Wie könnte auch eine Eisenbahnfahrt durch die eintönigen Ebenen Australiens mit ihren ewig gleichen Städtchen aufregend sein! Die australischen Städtchen gleichen sich nämlich alle wie eine Erbse der anderen. Alle liegen natürlich ganz eben; alle haben eine sehr lange und breite Straße, die stets Hauptstraße (Mainstreet) genannt wird. In dieser Straße sind immer sämtliche Wirtshäuser, Läden, das Post- und Telegraphenbureau, das Rathaus und eine Bibliothek, wo auch Liebhabertheater-Vorstellungen und Konzerte stattfinden und die daher von den stolzen Städtlern mit echt australischer Bescheidenheit Kunsthalle oder Kunstakademie genannt wird.

Als einmal der Fluss Hunter über die Ufer getreten ist und der Zug nicht weiterfahren kann, ist Lina gezwungen, in der überfüllten Stadt Westmaitland Station zu machen. Sie geht zu einem Fiaker und sagt zu dem Kutscher: »Ich suche ein Nachtquartier, und da, wie es scheint, alle Hotels voll sind, fahren Sie mich im besten Teil der Stadt von Haus zu Haus, bis ich eine Unterkunft gefunden habe.«

Ein anderes Mal wird sie von ihren Gastgebern per Pferd und nicht, wie sie erwartet hat, mit der Kutsche von der Bahnstation abgeholt:

Die Australierinnen reiten nämlich alle von Kindesbeinen an. Es ist daher gar niemandem eingefallen, dass ein erwachsenes, gesundes Frauenzimmer nicht reiten könnte. Ich befand mich in einer verzweifelten Lage. Zurück konnte ich nicht; hierbleiben wollte ich nicht. Um aber vorwärtszukommen, musste ich eines dieser Pferde besteigen. Nein, diese australischen Männer sollen keine Gelegenheit haben, sich über eine Schweizerin lustig zu machen.

Es muss einfach geritten werden, sagte ich mir. Am Ende wird man doch wohl in einem Sattel sitzen können, ohne Reitstunden genommen zu haben, und wenn Willenskraft einem dabei was helfen kann, so soll es daran nicht fehlen.

Erst nach zweieinhalbjährigem Aufenthalt macht Lina Bögli Bekanntschaft mit Eingeborenen. Sie besucht mit einer Dame deren abgelegenes Gut.

Dort in der Nähe haust noch der Rest eines einst mächtigen Volksstammes, die aber heute ganz ungefährliche Leutchen sind. Als sie hörten, dass weiße Frauen angekommen seien, wünschten sie uns zu sehen, gerade so sehr wie wir sie; aber es wurde ihnen gesagt, dass sie sich nicht ganz unbekleidet zeigen dürften. Nun bestand aber die Garderobe des ganzen Stammes nur in einem alten Unterrock und einem Paar Hosen, die sie am Hof geschenkt bekommen hatten. Sie konnten sich daher nur zu zweien vorstellen. Dass es ihnen gar nicht darauf ankam, wer die Hosen und wer den Rock trug, versteht sich von selbst. Schön sind die Leute nicht, das kann ihnen die vorurteilsloseste Person nicht nachsagen. Die Frauen sind noch hässlicher als die Männer, meist furchtbar mager, mit solch unproportioniert langen Armen, dass sie Affen mehr ähnlich sehen als Menschen. Übrigens scheinen wir ihnen auch nicht besser gefallen zu haben als sie uns. Ich versuchte mit einem jungen Mann ein Gespräch anzufangen und lächelte ihn zu diesem Zweck mit dem liebenswürdigsten Lächeln an, dessen ich fähig bin; doch er sah mich zuerst erschrocken an und nahm dann plötzlich heulend Reißaus.

Ganz anders ist Linas Eindruck von den Maoris auf Neuseeland:

Die Maoris gehören der malayischen Menschenrasse an, sind sehr intelligent – der beste Redner im Parlament ist ein Maori – und haben oft sehr schöne, regelmäßige Züge. Ich habe junge Maorimädchen gesehen, die wahre Schönheiten sind.

Als sie mehrere Tage in einem Maoridorf verbringt und voller Interesse das Dorfleben beobachtet, unterhält sie sich ungezwungen mit einem alten Häuptling, der noch nach altem Brauch am ganzen Körper tätowiert ist.

Er hat mir ganz aufrichtig gestanden, dass er manchen Weißen gegessen habe, obwohl die Weißen wirklich nicht halb so gut seien wie die Braunhäute, da ihr Fleisch zäh und geschmacklos sei. Weiße Frauen habe er nie gekostet, denn in jener Zeit habe es der Engländer nicht gewagt, seine Frau mit hierherzubringen, und heutzutage dürfe man sich leider keine Menschenbraten mehr erlauben.

Regelrechte Begeisterung entfachen bei Lina jedoch die Samoaner, als sie, wieder mal von Freunden eingeladen, mehrere Wochen auf der südpazifischen Insel Samoa verbringt.

Ich bin schon ganz verliebt in den Samoaner. Ihre bronzene Schönheit, ihr elastisch eleganter Gang, ihre Heiterkeit, ihr liebenswürdiges Benehmen, alles entzückt mich. Ich stimme ganz mit jenem Engländer überein, der die Samoaner die ›Könige der Südsee‹ genannt hat … Ihr Stehlen darf man auch nicht gar zu streng beurteilen. Man muss eben bedenken, dass sie, seit ihre Welt existiert, gewohnt waren zu genießen, was die Götter auf ihre Insel geschickt hatten. Ob nun die Kokosnuss oder die Brotfrucht gerade bei ihrer eigenen Hütte wächst oder bei einer anderen, darauf kommt es ihnen nicht an… Sie geben auch ebenso leicht wie sie nehmen, und in ihrer Sprache gibt es gar keine Wörter für ›bitte‹ und ›danke‹. Und nicht nur freigebig sind die Samoaner, sondern auch von einer Höflichkeit und Freundlichkeit, die man in Europa beim Volk umsonst suchen würde.

Aber auch Lina selbst erntet sehr viel Sympathie, und als sie 1896 ihre Reise nach Honolulu fortsetzen will, wird sie mit Abschiedsgeschenken überschüttet. Im »Paradies des Pazifik«, das zu jener Zeit immerhin 30.000 Einwohner zählt und einer modernen Großstadt ohne Bettler gleicht, lebt sich Lina schnell ein. Als sie nach einem halben Jahr zur »Mutter der deutschen und französischen Sprache in der hawaiischen Republik« gemacht wird, verschiebt sie erfreut ihre geplante Abreise und schreibt in einem Brief:

Denk dir nur, ich bin vom hawaiischen Unterrichtsminister zur Lehrerin der modernen Sprachen am einzigen Gymnasium der Republik ernannt worden! Und zwar habe ich die Ehre, dieses Studium hier einzuführen, denn bisher wurde außer Englisch nur Griechisch und Latein betrieben!

Auch wird sie gebeten, Vorträge über Literatur zu halten, und so schreibt sie:

Ich glaube, ich darf mir erlauben zu sagen, dass ich die geschäftigste Frau der hawaiischen Inselgruppe bin, denn zu meinen Schulverpflichtungen und zu meinen Vorträgen habe ich auch noch eine Unmenge Privatstunden. Glücklicherweise ist Arbeit für mich meist ein Vergnügen und hier – wenn man die Vorträge ausnimmt, an die ich mich noch immer nicht gewöhnt habe – ganz besonders. Noch nie hat mir das Unterrichten mehr Freude gemacht als hier im Gymnasium. Ich weiß nicht, ob die Knaben und Jünglinge so gut lernen, weil sie sich schämen würden, vor einer Dame ihre Lektionen nicht zu

können, oder ob ihnen der Lerneifer angeboren ist; aber nie brauche ich einen wegen vernachlässigter Pflicht zu rügen.

Lina verlässt Honolulu zufällig genau an dem Tag, an dem die Nachricht die Insel erreicht, dass der amerikanische Senat die Annexion von Hawaii genehmigt hat.

Der Dampfer lief gerade bei Sonnenuntergang in den prachtvollen Hafen von San Francisco ein. Kein Wunder, dass die Spanier, die diesen Hafen entdeckt haben, den Eingang dazu das ›Goldene Tor‹ nannten; wenn sie einmal einen Sonnenuntergang hier sahen, konnten sie kaum auf einen anderen Namen verfallen. Alles war goldig angehaucht, der Himmel, das Meer, die Berge und die Stadt im Hintergrunde, Gold, überall Gold!

In Amerika fühlt sich Lina ihrem heimatlichen Europa so viel näher, dass sie ungeduldig auf das Ende ihrer selbstverhängten Verbannung wartet. Aber sie hält diszipliniert durch und verbringt den zweiten Teil ihrer Weltreise in Nordamerika. Sie erkundet Kalifornien, Utah, Colorado, Illinois, Massachusetts, Pennsylvania und Kanada, lebt in San Francisco, Washington D.C. und New York. Amerika bietet ihr die bisher besten Arbeitsbedingungen. Hat sie sich in Neuseeland für die dortige Gleichberechtigung von Männern und Frauen begeistert, so begeistert sie sich jetzt für die amerikanische Form der Erziehung:

Freilich verstehen es die amerikanischen Mütter auch, ihre Kinder früh zu nützlichen Wesen zu machen, und zwar wird da kein Unterschied zwischen Knaben und Mädchen gemacht. Die ersteren müssen ganz ebenso wie ihre Schwestern in der Haushaltung behilflich sein und müssen, seien sie Gymnasiasten oder Universitätsstudenten, ihre Zimmer selbst in Ordnung bringen, bevor sie in die Schule gehen, falls kein Dienstbote im Haus ist … Natürlich werden die so erzogenen Söhne auch gute, hilfreiche Ehemänner. Ein Ehemann würde sich schämen, sich von seiner Frau cajolieren und bedienen zu lassen, selbst wenn sie dumm genug wäre, es zu tun.

Dagegen kritisiert Lina den Umstand, in gemischten Schlafwagen reisen zu müssen. In den großen Städten wie New York und Chicago herrscht ihr außerdem eine zu hektische Betriebsamkeit, die sie allzu sehr ihre Einsamkeit spüren lässt. Weil Lina so viel Schlechtes über die Mormonen und ihre »Vielweiberei« liest und hört, macht sie sich höchst persönlich auf den Weg nach Salt Lake City, um sich ein Bild von den dort herrschenden Zuständen zu machen. Entgegen ihrer Erwartung macht sie sogar die Bekanntschaft einer Reihe von Mormonenfamilien:

Ob nicht die Eifersucht sie fast aufreibe, wirst du dich fragen, und ob die Frauen nicht unter sich in Zank und Streit leben? Aus allen meinen Beobachtungen ziehe ich folgenden Schluss: Im Vergleich mit unserer guten Ehe ist die Mormonenehe eine armselige Einrichtung, aber im Vergleich mit unseren schlechten ist die Mormonenehe sogar sehr gut.

Trotz aller positiver Erfahrungen und neuer Freundschaften, die Lina Bögli immer wieder schließt, zieht es sie mit aller Macht zurück nach Europa, und so schreibt sie am 30. Mai 1902:

Morgen um diese Zeit werde ich Amerika und allen meinen lieben Freunden hier adieu gesagt haben; denn ich werde mit dem Dampfer ›Belgenland‹ um drei Uhr nachmittags von Philadelphia abfahren. Wie oft habe ich mir das Entzücken vorgestellt, das ich zu empfinden hoffte, wenn endlich der Tag, an dem ich meine Heimreise antreten könnte, gekommen sei, und nun steht er vor der Tür und ich weine fast, statt mich zu freuen!

Tatsächlich schafft Lina es, ihre zehnjährige Weltreise pünktlich in Krakau zu beenden. Dort wiederholt der polnische Offizier seinen Heiratsantrag. Doch auch dieses Mal lehnt Lina ihn ab und entschließt sich, unverheiratet zu bleiben. Sie findet bei der Familie Sczaniecki die Ruhe, um einen Reiseroman in Form von Briefen zu verfassen, und veröffentlicht ihn zuerst in englischer Sprache. Ihm ist genau wie der später folgenden deutschen Ausgabe großer Erfolg beschieden. Für einige Jahre verschlägt es sie als Lehrerin ans königliche Paulinenstift am Bodensee. Doch als sie 1910 arbeitslos wird, nimmt sie wieder eine Reise in Angriff. Japan und China sind diesmal ihre Ziele, die sie u.a. mit der über Moskau fahrenden Transsibirischen Eisenbahn erreicht. Obwohl sie zwei volle Jahre in Tokio lebt, gelingt es ihr nicht, Zugang zur asiatischen Mentalität zu finden. Als sie nach einem weiteren Jahr in China eine Professur an einer Frauenuniversität ausschlägt und lieber nach Galizien heimkehrt, schreibt sie auch über diesen Auslandsaufenthalt ein Buch, allerdings mit wesentlich geringerem Erfolg.

Mit 56 Jahren beschließt sie, zurück nach Herzogenbuchsee zu ziehen. Dort hat das erste schweizerische Gemeindehaus mit Pensionszimmern und einem alkoholfreien Restaurant eröffnet, und Lina hat genügend angespart, um sich eine kleine Rente einzukaufen und sich dort einzumieten. Zum ersten Mal in ihrem Leben richtet sie sich selbst häuslich ein. Sie dekoriert ihr Bett mit einem chinesischen Mandarinröckchen, damit es einem Diwan gleicht und das Zimmer dadurch weniger wie ein Schlafzimmer wirkt. Sie unterrichtet und hält Vorträge bis ins hohe Alter, aber sie geht nie wieder außer Landes. Als sie am 22. Dezember 1941 stirbt, hat sie den Leichenschmaus bereits bestellt und bezahlt. Auch ihren Grabstein hat sie nach eigenem Entwurf schon anfertigen lassen. Auf diesem ist eine Taube zu sehen, die über einer kleinen Erdkugel fliegt, und die zwei eingemeißelten Worte: »vorwärts – aufwärts«. B. A.

Unterwegs im Auftrag des Herrn

Kate Marsden
(1859-1931)

Englische Krankenschwester und Schriftstellerin

Nun gut, Abenteuerlust ist es ganz bestimmt nicht, die Kate Marsden beherzt die Koffer packen lässt. Sie will weder exotische Länder noch fremde Kulturen entdecken, noch nicht einmal der Forschergeist treibt sie hinaus in die Welt – und in einen der unwirtlichsten Winkel dieses Planeten überhaupt. Nein, Kate Marsden ist im Auftrag Gottes unterwegs, der nun wirklich seine schützende Hand über die Engländerin halten muss, damit sie heil von dort zurückkehrt, wo auf andere nur ein grauenvolles Ende wartet: aus dem tiefsten Sibirien, der Heimat der Unglücklichen, Verstoßenen, Aussätzigen – der Leprakranken von Russland.

Warum Kate sich das antut? Sie selbst erklärt es so:

Ich kann ja gar nicht anders handeln. Jeder, der den Heiland lieb hat und das Elend dieser Aussätzigen sähe, wie ich es gesehen habe, würde aus erbarmender Liebe mit ihrem namenlosen Jammer ebenso handeln. Was bedeuten die Entbehrungen, die Gefahren, die ich zu erdulden habe, wenn ich an die Pein meiner aussätzigen Brüder denke, für die niemand sorgt?

Ein großes Herz und ein Übermaß an Mitgefühl für alle armen, kranken und schwachen Kreaturen, so ihr Biograph Henry Johnson, ist Kate, dem jüngsten von acht Geschwistern aus einer gutbürgerlichen, streng viktorianischen Familie aus dem vornehmen Londoner Vorort Edmonton, bereits in die Wiege gelegt worden. Als kleines Mädchen schon klettert sie, sehr zum Unmut ihrer Eltern, auf Bäume, um frisch geschlüpfte Vögelchen mit Nahrung zu versorgen, sie pflegt verletzte Katzen oder Igel gesund, schenkt Kindern aus den Unterschichten ihr Spielzeug und versorgt sie mit Gemüse, das sie zuhause dem Gärtner abschwatzt. Und mit großer Vorliebe – und das gefällt ihrer frommen Mutter Sophia weitaus besser als die ungehörigen Knabenstreiche – spielt sie auch »Spital« mit ihren Puppen, umsorgt ihre imaginären Kranken, verbindet ihre Wunden. Kein Wunder also, dass Kate später den Beruf der Krankenschwester ergreift.

Als Kate elf Jahre alt ist, stirbt ihre Mutter, fünf Jahre darauf auch der Vater, der ein angesehener Notar mit florierender Kanzlei in London war. Mit einem Mal steht die Familie vor einem finanziellen

Desaster. Die Geschwister müssen für ihren eigenen Unterhalt sorgen, für unverheiratete junge Frauen wie Kate zu jener Zeit kein leichtes Unterfangen. Zum Glück aber können sich Frauen aus gutem Hause seit kurzem zur Pflegerin ausbilden lassen – und Kate bekommt einen Platz als Schwesternschülerin in der Diakonissinnenanstalt von Tottenham. Dort bewährt sie sich so gut, dass man ihrem dringenden Wunsch nachkommt, sie mit neun anderen Schwestern nach Bulgarien zu schicken, wo sie sich um die Verletzten des russisch-türkischen Krieges kümmern soll. Erstmals verlässt sie also England und rumpelt in einem nur mit Stroh ausgelegten Eisenbahnwaggon ihrer Bestimmung entgegen. Wie diese Reise verlief, davon ist nichts überliefert. Wir können aber davon ausgehen, dass schon diese erste Fahrt hinaus aus ihrer einst so behüteten Welt nicht besonders angenehm verläuft. Das, was sie in Bulgarien erwartet, jedenfalls ist es mit Sicherheit nicht. Hier in Sistowa muss die knapp 18-Jährige nicht nur im Spital die Kriegsopfer versorgen, sondern auch auf den Schlachtfeldern nach Verletzten suchen, und hier trifft sie auch erstmals auf zwei Leprakranke, die sich in einer Scheune versteckt halten – eine Begegnung, die ihr Leben verändert.

> *›Kein Mittel!‹ ›Keine Linderung!‹ Tausend Mal haben diese traurigen Worte meinem Herz wehe getan und meine Gedanken beschäftigt … Wer kümmerte sich um die Kranken? Welche medizinische Versorgung wurde ihnen zuteil? Welche liebevolle Frauenhand linderte ihre Leiden? … Ich muss jenen unglücklichen Geschöpfen beistehen, für die am wenigsten gesorgt wird und die doch Kinder Gottes sind.*

Ganz so schnell aber geht es leider nicht. Zehn Jahre sollen noch vergehen, bis dieser so tief empfundene Herzenswunsch erfüllt wird. Zurück in England beendet Kate zunächst ihre Ausbildung, übernimmt schon kurze Zeit später die Leitung eines Genesungsheimes in Liverpool und bekommt immer und überall Lob und Anerkennung für ihr Können.

Als eine ihrer Schwestern, wie mehrere der anderen Geschwister auch, an Schwindsucht erkrankt und zur Genesung nach

Neuseeland übersiedelt, folgt Kate ihr 1884, um sie zu pflegen. Wieder eine Reise aus reinem Pflichtgefühl – und umsonst: Kate kann ihrer Schwester nicht mehr helfen. Weil niemand in England auf sie wartet, beschließt sie in Neuseeland zu bleiben und arbeitet in einem Krankenhaus in Wellington.

Ein Zeitschriftenartikel über »Das schreckliche Aufleben der Lepra« bringt Kate ihrem erklärten Lebensziel wieder näher. Sie kehrt, gerade 30 geworden, nach England zurück und macht den Versuch, ihre Dienste in der Leprastation auf der Hawaii-Insel Molokai anzudienen, wo sich der bekannte Pater Damian bis zu seinem Tod 16 Jahre lang um die Aussätzigen gekümmert hatte. Dass Kate abgelehnt wird, weil sie keine Katholikin ist, betrübt sie zutiefst. Aber weil sie neben unendlichem Gottvertrauen auch eine gesunde Portion Sturheit besitzt, lässt sie sich von ihrer Mission für Leprakranke nicht abbringen.

Der Zufall – oder Gottes Vorsehung? – kommt ihr zu Hilfe. Vom Roten Kreuz erhält sie eine Einladung nach Russland, wo sie für ihre Verdienste im russisch-türkischen Dienst ausgezeichnet werden soll. Die Medaille aber ist ihr gleichgültig – sie sieht vor allem eine Möglichkeit, sich in Sankt Petersburg über die Leprakranken in Russland zu informieren. Dass dies nicht so ohne Weiteres klappen würde, sieht sie ein und wendet sich deshalb auf Anraten einiger Freunde kühn an die Königin von England persönlich. Sie soll ihr Vorhaben unterstützen.

Tatsächlich erhält die resolute Schwester am 5. März 1890 eine Audienz am Hof, begeistert mit ihren Plänen nicht nur Königin Viktoria, sondern auch die Prinzessin Alexandra von Wales, die ihr wiederum den Kontakt zu ihrer Schwester, der russischen Zarin Maria Feodorowna, vermittelt. Diese sichert Kate Marsden bei einem Besuch ihre uneingeschränkte Unterstützung zu und gibt ihr ein Empfehlungsschreiben mit auf den Weg, das alle Regierungsbeamten im russischen Reich dazu auffordert, ihr uneingeschränkte Hilfe zu leisten und ihr nach besten Kräften beizustehen.

Für ihre Reisevorbereitungen kehrt Kate noch einmal nach London zurück, fährt auch nach Paris, um mit dem Mikrobiologen Louis Pasteur noch einmal die neuesten Behandlungsmöglichkeiten der Lepra zu diskutieren. Außerdem begibt sie sich zu Krankenkolonien in Zypern, Jerusalem, Konstantinopel und Tiflis, wo die Aussätzigen schon seit längerer Zeit ärztlich betreut werden.

In ihrem 1893 erschienenen und ein Jahr später von Marie Gräfin zu Erbach-Schönberg auf Deutsch übersetzten Buch *On Sledge and Horseback to Outcast Sibirian Lepers* schreibt Kate Marsden:

> *Ich hatte in Tiflis und auch in Konstantinopel gehört, dass ein Kraut existiere, welches den Aussatz lindern und sogar in manchen Fällen heilen konnte. Dieses Gerücht wurde sogar von der Kaiserin bestätigt. Das Kraut sollte in der sibirischen Provinz Jakutsk zu finden sein.*

Im November 1890 kommt Kate Marsden mit dem Pferdeschlitten in Moskau, dem Ausgangspunkt ihrer Sibirienreise, an, staunt über den Reichtum der Stadt, die goldenen Dächer, in denen sich das Sonnenlicht spiegelt, und darüber, dass der Kutscher immer wieder Fußgängern zurufen muss, Platz zu machen.

In einer so überbevölkerten Stadt gehört wohl wirklich viel Aufmerksamkeit dazu, nicht überfahren zu werden, umso mehr, da die meisten Leute hohe, über die Ohren ragende Pelzkragen tragen, die sie am Hören hindern.

Viel Zeit zu weiteren touristischen Betrachtungen aber nimmt sich die Engländerin nicht, sondern beginnt sofort mit der Organisation ihrer ausgedehnten Reise Richtung Sibirien. Zwei Mal noch muss sie die zwölfstündige Fahrt nach Sankt Petersburg antreten, um Geld aufzutreiben, dann geht es ans Packen, allem voran Proviant: Büchsen mit Sardinen, Brot, Tee, Biskuits. Eine englische Freundin steuert auch noch 40 Pfund Plumpudding bei, der als besonders nahrhaft gilt und von Kate mit besonderer Freude entgegengenommen wird.

Ihr Engagement für die Leprakranken wird in Russland mit größerem Wohlwollen betrachtet als in England. Die noblen Frauen der Mittel- und Oberschicht, die ihr soziales Engagement auf Wohltätigkeitsveranstaltungen zum Fünf-Uhr-Tee beschränken, werfen Kate Marsden Geltungssucht und Eigennutz vor. Die Beschuldigte kommentiert das auf ihre Weise:

Mir ist es gleich, wie man mich nennt oder was man über mich denkt, solange ich das Ziel meiner Wünsche erreiche. Einige Leute haben behauptet, ich wolle mich auf eine Vergnügungsreise begeben. Nun gut. Im Sinne der Anklage bekenne ich mich schuldig – unter der Bedingung: All jene Damen, die meine Reise so verlockend finden, sollen sich bereit erklären, selbst eine solche zu unternehmen.

In einem Zeitungsartikel verdächtigt man die fromme Frau sogar der politischen Spionage. Doch wenn Kate darüber ebenfalls sehr erbost und vor allem tief getroffen ist, macht sie das, was sie im Falle von Irritationen immer macht: unverdrossen weiter. Und schließlich geht die Fahrt im Februar 1891 tatsächlich los – unfreiwillig komisch.

Bekleidet mit mehreren wollenen Untergewändern, Flanellkleid, einem dicken Daunenmantel, dessen Ärmel bis über die Hände hängen, einem bodenlangen Schafspelz, den noch ein Rock aus Rentierfell bedeckt, mehreren übereinander getragenen Wollstrümpfen, kniehohen Filzstiefeln, einer pelzgefütterten Mütze und verschiedenen Schals und Tüchern sowie einem Pelzkragen, der Kopf und Gesicht verhüllt, trifft Kate in Begleitung ihrer Freundin und Dolmetscherin Ada Field mit der Eisenbahn in Slatoust am Fuße des Urals ein, von wo es mit dem Schlitten weitergehen soll und wo die beiden Damen vom Polizeichef, dem Oberst der berittenen Polizei, dem Stationsvorsteher sowie der gesamten Dorfbevölkerung empfangen werden.

> *Dass es schwierig werden würde, in meinem beschriebenen Anzuge den Schlitten zu besteigen, war mir noch nicht eingefallen, nun aber sank mein Herz in die Schuhe und ich wünschte mir sehnlichst, dass mich eine gute Fee von der Station auf den Schlittensitz getragen hätte.*

Weil aber keine Fee zur Stelle ist und auch kein Trittbrett, das ein Einsteigen erleichtert hätte, blicken sich Kate und ihre Begleiterin hilfesuchend um:

> *Drei muskulöse Polizeidiener versuchten sanft, mich auf den Schlitten zu heben, aber mein Gewicht widerstand selbst ihren vereinten Kräften.*

Erst beim dritten Versuch schließlich sitzen die Damen endlich. Aber wenn sie gehofft hatten, sich nun entspannt zurücklehnen zu können, war das ein gewaltiger Irrtum. Denn es geht zwar nicht über Stock und Stein, dafür aber über gefrorene Schneeklumpen und tiefe Löcher.

> *Von ruhigem Sitzen ist keine Rede. Eben mit aller Gewalt auf den Kutscher geworfen, wird man im nächsten Augenblick rückwärts geschleudert, um bald darauf, wenn man es am wenigsten erwartet, einen Stoß in die Seite zu bekommen. Der Körper schmerzt vom Kopf bis zu den Füßen und man ist mit blauen Flecken bedeckt … Pochende Schmerzen martern das Hirn so lange, bis man sich durch einen hysterischen Aufschrei Luft macht; dann rutscht die Kopfbedeckung herunter, und natürlich sinkt durch all das auch die Laune um einiges. Am Ende des Tages wird man halb ohnmächtig vom Schlitten gezerrt, und sobald man wieder festen Boden unter den Füßen spürt, fühlt man sich eher wie ein alter zerhauener Mahagonibalken denn als zarte Engländerin.*

Meilen um Meilen führt die Reise weiter ostwärts, hilflos sind die beiden Damen den wechselnden Kutschern ausgeliefert, »volltrunkenen Rasern, die ständig ihren geliebten Wodka süffelten« und mit ihrer halsbrecherischen Fahrweise den Schlitten mehr als einmal fast zum Umkippen bringen. Übernachtet wird meist in Poststationen,

heruntergekommenen Jurten, die keinerlei Komfort bieten. Oftmals müssen die Frauen auf dem blanken Boden schlafen und sich den Raum mit anderen Reisenden teilen. Kate schreibt:

Ich überlasse es der Einbildungskraft des Lesers, sich die Beschaffenheit der Luft vorzustellen, die morgens in einem Raum herrscht, in welchem eine Anzahl Leute, in schmutzige Schaffelle gewickelt, geschlafen hat.

In Omsk schließlich werden Miss Marsden und Miss Field im Hause des Gouverneurs aufgenommen und dürfen endlich wieder ein weiches Bett sowie behaglichen Familienanschluss genießen. Das haben beide auch bitter nötig, so mitgenommen, wie sie sind. Allerdings trennen sich hier auch die Wege der Freundinnen, Field ist zu schwach, um weiter zu reisen, und so bricht Kate Marsden nach einer 14-tägigen Erholungspause in Begleitung eines Attachés des Gouverneurs alleine auf. Unterwegs besucht sie immer wieder Gefängnisse und Spitäler, sie trifft auf Gefangenentransporte, und immer versucht sie zu helfen, wo sie nur kann, selbst wenn sie manchmal nicht viel mehr anbieten kann als heißen Tee und kleine Bibeln.

Es ist inzwischen April geworden, die Flüsse und Seen beginnen zu tauen, der Schnee schmilzt, weshalb man nun vom Schlitten auf ein Tarantaß, ein holpriges Fuhrwerk, umsteigt. Rund 250 Kilometer hinter Irkutsk geht es schließlich auf dem Strom Lena nach Jakutsk weiter.

Die Barke, die uns trug, war kaum mehr als ein überdecktes Floß, das zum Transport von Waren zwischen Irkutsk und Jakutsk bestimmt war. Ich musste unter der Schiffsbeladung schlafen und während der drei Wochen, die die Reise in Anspruch nahm, so viel Unbequemlichkeiten und Unannehmlichkeiten ertragen, dass man einen Band damit anfüllen könnte. Wie groß war die Dankbarkeit, als ich mich endlich dem Land näherte, in welchem ich zu arbeiten hoffte.

In Jakutsk erschrickt Kate über die dort herrschenden barbarischen Zustände, die große Armut und das Misstrauen der Menschen, dennoch stößt sie auch auf eine unerwartete Gastfreundschaft. Gemeinsam mit dem Bischof, dem Vize-Gouverneur, dem Polizei-Assistenten, dem Arzt der Stadt und ein paar weiteren honorigen Männern bespricht sie die Lage der Aussätzigen, gründet ein Komitee und bereitet alles vor für die letzte und beschwerlichste Etappe ihrer Reise: 2000 Meilen hinaus in die Wälder zu den Aussätzigen, diesmal zu Pferde. Es ist der 22. Juni 1891.

> *Ich war genötigt, wie ein Mann zu reiten, weil die hiesigen Pferde so wild sind, dass man sie unmöglich im Damensattel reiten kann. Das Stolpern der Pferde in den Schlingpflanzen und Wurzeln des Urwaldes schien unvermeidlich, ebenso das Versinken im Schlamm, und Frauenkleider wären unter diesen schwierigen Verhältnissen nicht am Platze gewesen … Meine Reisebekleidung war praktisch, aber unschön und bestand aus einer Jacke mit sehr langen Ärmeln und der Binde mit dem roten Kreuz am linken Arm, und weiten Beinkleidern, die bis an die Knie reichten. Dazu trug ich einen einfachen Lodenhut, einen Revolver, eine Peitsche und über den Schultern einen kleinen Reisesack.*

Der Trupp, bestehend aus einer Gruppe Einheimischer und Ivan Prokopieff, einem Kosaken, der von Kates Mission über die Maßen beeindruckt ist, zieht durch eine wilde, pfadlose Gegend, durch Sümpfe und dichte Wälder, in denen es kaum ein Durchkommen gibt. Ein paar Männer reiten immer schon vor, um einen geeigneten Platz für das Nachtquartier auszumachen, meistens schlagen sie die Zelte an Waldrändern auf, einmal auch auf einem alten Friedhof, wo Kate Marsden etwas unruhig am Fußende eines Grabes nächtigt.

Das Schlimmste beim Reiten am Tage sind die Moskitoschwärme, die Ross und Reiter Höllenqualen bereiten.

Sie umschwärmen uns in solchen Mengen, dass trotz Handschuhen und dichten Schleiern Gesicht und Hände bald bis auf das Entsetzlichste angeschwollen waren, so dass einen nicht einmal mehr der engste Freund wiedererkennen würde.

Ob blutrünstige Insekten, große Hitze, gewaltige Gewitter, miserable Unterkünfte, mangelnde Hygiene, zu wenig Schlaf, dürftiges Essen oder schlecht gelaunte, stinkende Begleiter – Kates Vertrauen in ihre Aufgabe und in Gottes Segen lässt sie all das stoisch ertragen und dabei noch zuversichtlich bleiben. Sie wird zu den Leprakranken stoßen und ihnen helfen – das weiß sie mit Bestimmtheit.

Und so geschieht es auch. In Viluisk trifft sie auf Pater Ivan, der sich von hier aus um die Aussätzigen kümmert. Er ist es, der sie über die Lage der Unglücklichen dieser Region unterrichtet und sie schließlich zu ihnen führt. Was Kate Marsden da zu Gesicht bekommt, übertrifft ihre schlimmsten Befürchtungen bei Weitem. Die Menschen leben unter unvorstellbaren Bedingungen. Männer, Frauen, Kinder, Gesunde, Kranke, Halbtote, Hühner, Kühe, Kälber,

dazu Unmengen an Ungeziefer – alle hausen unter einem Dach, in Behausungen, die provisorisch aus morschen Baumpflöcken gezimmert und mit getrocknetem Kuhdung gedeckt sind. Das Essen, das man den Verstoßenen in unregelmäßigen Abständen im Wald hinterlegt, ist verdorben, die Kleidung, die man ihnen gibt, von Würmern zerfressen. Nicht einmal die nötigste Pflege ihrer eiternden Wunden lässt man ihnen angedeihen. Wenn nur irgend möglich, wird jeder Kontakt mit ihnen vermieden. Auch Kates Begleiter weigern sich, in die Nähe der Aussätzigen zu kommen. Sie aber steigt vom Pferd herab und geht, scheinbar ohne Angst vor Ansteckung, auf diese »menschlichen Wracks« zu, nimmt, da sie kein Russisch spricht, mit Händen und Füßen Kontakt zu ihnen auf.

Hinkend, kriechend, mit verzerrten Gesichtern und verrenkten, verstümmelten und faulenden Gliedmaßen kommen die Kranken zu ihr. Kate Marsden verteilt all ihre mitgebrachten Gaben, und die Menschen nehmen sie dankbar und mit strahlenden Gesichtern entgegen. Wichtiger als alles Materielle aber ist, was die fremde Frau ihnen noch mitgebracht hat: Hoffnung. Hoffnung, dass sich an ihrer bislang so aussichtlosen Lage vielleicht doch etwas ändern könnte. Dass da jemand ist, der sich um sie kümmern will und ihnen vielleicht ihre Zukunft zurückgibt.

Alle wandten ihre Gesichter erwartungsvoll zu mir hin. Anstelle von Furcht zeigte sich Ruhe und Vertrauen in ihren Zügen. Sie schienen zu wissen, dass ihnen geholfen werden sollte.

Mehr als das Versprechen, dafür zu sorgen, dass sie bald zumindest eine medizinische Grundversorgung erhalten sollen, kann die Engländerin den Menschen aber nicht geben. Denn ihre eigene Hoffnung erfüllt sich nicht. Es gibt kein Heilkraut gegen Lepra, hier im tiefen Sibirien nicht und auch nicht anderswo. Bis zum Durchbruch einer wirksamen Therapie werden noch über 50 Jahre vergehen.

Viele Wochen lang besucht Kate Marsden unermüdlich die weit verstreut lebenden Leprakranken. Einmal wird der Trupp von einem wilden Bären angegriffen, ein anderes Mal geraten die Reisenden in einen tosenden Sturm, in dem ihr Floß an einem steilen Ufer zu zerschellen droht. Der anschließende Fußmarsch bringt Kate ans Ende ihrer Kräfte. Seit 24 Stunden hat sie nicht geschlafen, 12 Stunden lang nichts gegessen. Die geschwächte Frau bricht zusammen, kann nicht mehr weiter. Obwohl sie sich vehement wehrt, beschließen ihre Gefährten, die schließlich verpflichtet sind, für ihr Heil und Wohl zu sorgen, Kate auf einem gemieteten Karren nach Viluisk zurückzubringen.

Mitte September schließlich tritt Kate Marsden völlig erschöpft, aber von ihrer Mission noch mehr beseelt als je zuvor, ihre dreimonatige Rückreise an. Wo immer sie Rast macht, berichtet sie mit großer Leidenschaft von ihren Erlebnissen und dem

schrecklichen Schicksal der Aussätzigen, fleht mit ganzem Herzen um Hilfe und Verständnis für sie. Elf Monate nach ihrer Abreise, im Dezember 1891, ist Kate wieder in Sankt Petersburg, wo sie noch sechs Monate bleibt, Vorträge hält, Spenden sammelt und sogar die Kaiserin dafür gewinnt, Geld für den Aufbau einer Leprakolonie in Viluisk sicherzustellen, die im Jahre 1897 tatsächlich realisiert wird.

In England allerdings hält sich die Begeisterung für Marsdens Engagement auch nach ihrer langen Reise weiterhin in Grenzen. Zwar wird sie als eine der ersten Frauen in die Royal Geographical Society aufgenommen und von der Königin mit einer Brosche geehrt, doch die Skepsis über Sinn und Erfolg ihrer Reise überwiegt.

Einige Male begibt sich Kate Marsden noch auf Vortragsreisen, unter anderem stellt sie auf der Weltausstellung in Chicago ihr Modell für eine Leprastation vor, doch zu mehr ist sie nicht mehr imstande. Eine von ihr geplante zweite Reise zu den Aussätzigen in Sibirien findet nie statt – ihre Gesundheit ist ruiniert, und die bösen Nachreden schlagen ihr auf die Seele. 1921 versucht sie noch einmal, sich ihren Zweiflern und Kritikern zu erklären, schreibt *A Vindication of My Mission in Siberia* (Meine Mission in Sibirien. Eine Rechtfertigung). Aber da ist die tapfere Krankenschwester längst von der Welt vergessen. Zehn Jahre später stirbt sie einen einsamen Tod.

G. U.

Hüterin der Aborigines

Daisy Bates
(ca. 1859-1951)

Irische Forschungsreisende

Es ist nicht einfach, sich ein Bild von Daisy Bates zu machen. Um die eigenwillige Irin ranken sich viele Legenden, und sie selbst strickt gern daran mit. Tatsache ist, dass sie ins australische Outback zieht, um das Leben der Aborigines kennenzulernen – in eleganten Kostümen, mit Hut, Handschuhen und Knöpfchenstiefeln, wie eine Sendbotin aus einer anderen Welt. In ihrem Buch *The Passing of the Aborigines* schreibt sie:

Ich gab vor, mein Eingeborenenname sei Kallower und ich sei eine mirruroo-jandu oder Zauberfrau, eine der zweiundzwanzig Frauen des Traumzeit-Patriarchen Leeberr. Danach war der Weg geebnet. Sie akzeptierten mich als freundlichen Geist, und mit der größten Geduld erklärten sie ihre Beziehungsgeflechte, Heiratsgesetze, Tabus, traditionellen Gesänge und Tänze. Sie gewährten mir sogar Zutritt zu den heiligen Plätzen und den Initiationszeremonien der Männer, was selbst ihren eigenen Frauen unter Androhung der Todesstrafe verboten ist.

Eine Frau allein in einem Zelt bei den Wilden, die sich als guter Geist ausgibt – kein Wunder, dass Daisy Bates als verschrobene Einzelgängerin gilt. Man bezeichnet sie als Hochstaplerin, aber das wird ihr nicht gerecht. Vielmehr scheint die irische Lady die geborene Geschichtenerzählerin zu sein und ihr Leben der Stoff, den sie fantasievoll gestaltet. Ihre Arbeiten über die Aborigines sind jedoch weltweit anerkannt und dienen als Grundlage aktueller Forschungen.

Daisy berichtet, sie sei als Daisy May O'Dwyer im Jahr 1859 – oder war es doch 1863? – in Ballichrine bei Tipperary zur Welt gekommen. Sie stammt aus einer reichen anglo-irischen Familie, die durch den Börsenkrach – oder war es die große Hungersnot? – alles verlor. Ihre Biographen haben jedoch weder Ballichrine noch Spuren der Familie gefunden. Erst in den 1980er Jahren stieß man bei Dublin auf eine Verwandte. Nach ihren Angaben hat Daisy früh die Mutter verloren. Der Vater, ein notorischer Säufer, wandert mit einer neuen Frau nach Amerika aus. Daisy kommt ins Waisenhaus und besucht die Armenschule, wo sie eine Ausbildung zur Gouvernante erhält.

Vermutlich war es so, auch wenn Daisy selbst gern erzählt, wie sie bei ihrer reichen Großmutter lebte, Europa bereiste oder ihr wunderbarer Vater ihr das Tanzen beibrachte. Zeiten, die es wohl genauso wenig gegeben hat wie das 1. Klasse-Ticket nach Australien – die 20-Jährige reist als »free migrant« im Rahmen des australischen Besiedlungsprogramms.

Anfangs hat sie weder Geld noch Kontakte, aber sie ist hübsch, klug und belesen und findet bald Bekannte und Freunde. »Sie konnte mit ihrem Charme Schwäne aus dem Teich locken«, erinnert sich ein Bekannter.

Anfang 1884 kommt sie als Erzieherin auf einer Farm unter. Dort arbeitet ein junger Engländer, der ebenfalls gern von den hohen Kreisen erzählt, in denen er aufgewachsen ist. Wie Daisy ist er belesen, mag Gedichte, reitet ebenso gut wie sie und schafft sich bald den Ruf des besten Zureiters im Outback. Die beiden müssen gut zusammengepasst haben. Im März heiraten sie, doch das Glück währt nicht lange. Der junge Ehemann wird des Diebstahls beschuldigt und verliert seine Arbeit. Er kommt ins Gefängnis, und kurz nach seiner Freilassung trennt sich das Paar.

Daisy hält diese erste Ehe geheim. Auch ihrem zweiten Mann, den sie schon elf Monate später heiratet, erzählt sie davon nie. Nur die identischen Unterschriften auf den beiden Heiratsurkunden zeugen davon.

Daisy sieht John Bates bei einem Rodeo, wo er alle Wettbewerbe gewinnt – er ist jung, stark, zupackend. Der Alltag zeigt ihn jedoch als unkultivierten Mann, der damit zufrieden ist, von einem Viehtrieb zum nächsten zu ziehen. Daisys Verliebtheit schwindet, das Paar verbringt möglichst wenig Zeit zusammen. Auch die Geburt ihres Sohnes ändert daran nichts. Offenbar kommt Daisy mit dem Kind genauso wenig zurecht wie mit seinem Vater. 1894 bringt sie den Jungen in ein Internat in der Nähe seiner Großeltern und verabschiedet sich nach England, um, wie sie sagt, Familienangelegenheiten zu klären. Sie bleibt fünf Jahre. Angeblich arbeitet sie in London als Journalistin, belegen lässt sich das nicht. Auch die Gründe für ihre Rückkehr bleiben im Dunkeln. Sie schreibt nur:

»1899 machten es die Umstände möglich, dass ich nach Australien zurückkehrte.« Und weiter:

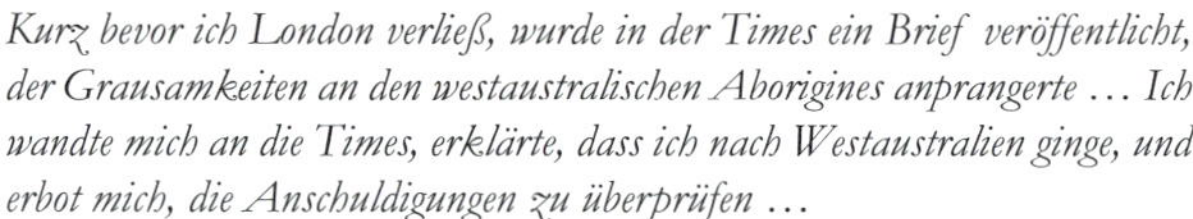

Kurz bevor ich London verließ, wurde in der Times ein Brief veröffentlicht, der Grausamkeiten an den westaustralischen Aborigines anprangerte … Ich wandte mich an die Times, erklärte, dass ich nach Westaustralien ginge, und erbot mich, die Anschuldigungen zu überprüfen …

Ob das nun stimmt oder nicht, in jedem Fall ist es Daisys erster Schritt in Richtung Aborigines. In Perth macht sie sich mit dem Herausgeber des *Australasian* bekannt, wird dem Gouverneur und anderen Amtsträgern vorgestellt, die von ihrem Charme und ihrer Entschlossenheit begeistert sind und ihr jede erdenkliche Hilfe versprechen. Mit Noch-Ehemann John bricht sie zu ihrer ersten Expedition auf. Eine Reise, die ihrem Leben eine neue Richtung gibt:

Abgesehen davon, dass die Eingeborenen kein gutes Fleisch, sondern Innereien zu essen bekommen und ohne Essen von den Viehzuchtstationen weggeschickt werden, wenn sie bei der Arbeit faul waren, ließ sich keiner der Vorwürfe erhärten … So viel zu den Behauptungen, die mein Interesse an den Aborigines weckten …

Das Wiedersehen mit John hingegen ist ernüchternd. Sie gehen fortan getrennte Wege und geben ihren Sohn zu Pflegeeltern. Daisy sucht in Perth einen Missionar auf, den sie auf dem Schiff kennengelernt hat, und bietet sich an, ihn und seinen Bischof in die abgelegene Mission an der Eagle Bay zu begleiten. Vier Monate lang hilft sie, Mauern und Zäune zu reparieren, während die Aborigines-Frauen ihr von ihrem Leben erzählen. Am Ende lässt Daisy die Geistlichen alleine abreisen. Auf eigene Faust zieht sie kreuz und quer durch Westaustralien, um »das fremde, verborgene Leben dieser letzten Menschen, die wie in der Steinzeit leben«, zu erforschen.

Manchmal zeltete ich tagelang, teilte meine Vorräte, kümmerte mich um die Babys, suchte mit den Frauen Pflanzen für das Essen und freundete mich mit den alten Männern an. Auf diese Weise vermehrte und überprüfte ich Schritt für Schritt mein Wissen … Ich merkte auch, dass ich, um etwas von Wert zu sammeln, mit ihrer Mentalität denken und in ihrer Sprache sprechen musste. An den Brunnen und Bächen, an den Feuerstellen, auf dem Pferderücken und zu Fuß hatte ich immer Notizbuch und Stift dabei … Anfangs belustigte die Eingeborenen mein offensichtlicher Eifer und mein unerschöpfliches Interesse, dann weckte es ihr Zutrauen.

Sie lernt die Sprache der Aborigines – »Stimmband-Gymnastik, die der Durchschnitts-Linguist unmöglich zustande bringt und die, da bin ich mir sicher, in all den Jahren meinen Kehlkopf verändert hat« – und taucht immer tiefer in ihre Welt ein.

Auf den geheimen Korrobori-Festen der Männer, tief im Busch und weit weg von meinen eigenen Leuten, war ich nie eine Fremde, weil ich nie einen Schimmer von Furchtsamkeit, Abscheu oder Leichtfertigkeit zeigte, weil ich mit meinem ›schwarzen Bewusstsein‹ dachte.

Während ihrer Exkursionen veröffentlicht sie Artikel in wissenschaftlichen Magazinen und macht sich allmählich einen Namen als Aborigines-Expertin. Immer deutlicher durchschaut sie das tragische Schicksal der australischen Ureinwohner: Die Weißen sind in ihre Welt eingedrungen und haben die jahrhundertealten Strukturen ihres Lebens zerschlagen, jetzt ziehen sie umher, unfähig, mit der Vergangenheit verbunden zu bleiben und mit der Zukunft zurecht zu kommen. Daisy verurteilt die Weißen nicht dafür, dass sie das Land an sich gerissen haben. Der Fehler liegt ihrer Meinung nach darin, die Aborigines zu »zivilisieren«:

Australiens Eingeborene können allen Unbilden der Natur widerstehen, den schlimmsten Dürreperioden wie auch reißenden Überschwemmungen, schrecklichem Durst und Unterernährung, aber der Zivilisation können sie nicht standhalten.

Auch vom Amt für Aborigines-Angelegenheiten verspricht sie sich wenig, sagt aber zu, als ihr im Mai 1904 eine Stelle angeboten wird: Sie soll Sprache, Bräuche und Sitten der Aborigines dokumentieren und einen Wortschatz für Postmeister, Polizisten, Bahnhofsvorsteher und Siedler zusammenstellen. Ein Jahr lang lebt und arbeitet sie in Perth, trägt Informationen zusammen und beginnt, ihre Notizen auszuwerten. Über dieser Arbeit entdeckt sie die Anthropologie, verbringt Stunden in der Bibliothek und liest alles, was ihr dazu in die Hände fällt. Nach einem Jahr am Schreibtisch zieht es sie jedoch wieder in die Wildnis:

Ein rundes Zelt von vier Metern Durchmesser, das bei Regen über mir durchhing und sich im Wind aufblähte, war zwei Jahre lang meine Behausung in diesem Flecken Buschland [im Maamba-Reservat] voll leuchtender wilder Blumen … Dort arbeitete ich am Lagerfeuer die Nächte durch, sammelte die Fetzen der Sprache, der alten Legenden und Bräuche und

versuchte, mit diesen wenigen Überbleibseln die Vergangenheit eines Volks heraufzubeschwören. Immer war ich in Eile und Furcht, zu spät zu kommen …

1907 und 1908 reist sie in verschiedene Reservate, beginnt ihr riesiges Manuskript zu schreiben und kehrt nach Perth zurück, um es druckfertig zu machen. Ihre Artikel finden Beifall, sie wird zum Mitglied der Anthropological Society of Australia und der Royal Geographical Society in Melbourne ernannt.

Im Jahr 1910 erhält Daisy Bates das Angebot, an einer Expedition der Cambridge University teilzunehmen – der Leiter Alfred Reginald Radcliffe-Brown sucht jemanden, der übersetzen und Kontakte knüpfen kann. Ziel der kleinen Forschungsgruppe ist ein Reservat an der Westküste. Daisy setzt große Hoffnungen in das Unternehmen, doch bald zeichnet sich ab, dass die Zusammenarbeit nicht einfach wird – auf der einen Seite der Theoretiker, auf der anderen die gefühlvolle Praktikerin, die einfach alles, was ihr erzählt wird, aufschreibt.

Auch äußere Umstände erschweren die Lage. Nach einer Razzia ziehen sich die Aborigines zurück, daraufhin verlegt Radcliffe-Brown seine Studie auf die Quarantäne-Inseln Bernier und Dorré. Daisy bezeichnet sie als »Inseln der Toten«:

Als ich im November 1910 auf Bernier landete, lebten dort nur noch 15 Männer, aber ich zählte 38 Gräber … Auf Dorré gab es 77 Frauen, viele von ihnen bettlägerig. Ich wagte nicht, die Gräber zu zählen … Die meisten waren offensichtlich im letzten Stadium der Syphilis und der Tuberkulose. Nichts konnte sie mehr retten, und doch hatte man sie manchmal über Tausende von Kilometern in eine fremde Umgebung und in die Einsamkeit gebracht.

Die Expedition bleibt sechs Monate. Daisy übersetzt, hilft bei den Aufzeichnungen, sorgt sich um die Kranken und baut einen Postdienst zum Festland auf. Das verschafft der 51-Jährigen einen neuen Ehrennamen:

Hier auf Dorré wurde ich zur Kabbarli, zur Großmutter für die Kranken und Sterbenden, und Kabbarli blieb ich auch während all meiner weiteren Wanderungen.

Was sie von Radcliffe-Brown hält, macht eine Passage ihrer Aufzeichnungen deutlich:

Es ist nur zu leicht für Anthropologen, ein Fantasiebild von den Aborigines zu entwickeln … und es in der Feldforschung bestätigen zu lassen. Der Australier folgt unter Weißen dem Weg des geringsten Widerstandes. Er versucht, suggestive Fragen wie gewünscht zu beantworten, ob er sie versteht oder nicht … Die erste Lektion, die ich lernte, war, ihm nicht meine eigene Auffassung aufzudrängen und Geduld zu haben … Nur wenn du ein Teil der Landschaft bist, die er kennt und liebt, wird er dir die Ehre erweisen, sein normales Leben zu leben und keine Notiz von dir zu nehmen.

Die frühen Ethnologen und Anthropologen sind Schreibtischgelehrte, ihre ersten Feldforschungen kaum mehr als Stippvisiten. Die Autodidaktin Daisy Bates ist ihrer Zeit also weit voraus. 1912 übergibt sie ihr riesiges, chaotisches Manuskript der Regierung, um es von einem Anthropologen überarbeiten zu lassen. Auf die Veröffentlichung wartet sie vergebens, angeblich ist kein Geld dafür da. Erst 1985 erscheint das Werk unter dem Titel *The Native Tribes of Western Australia.*

Daisy macht sich mit ihren Ansichten nicht nur Freunde. Als sie sich als Schutzbeauftragte des Nordterritoriums bewirbt, wird sie trotz namhafter Fürsprecher mit der fadenscheinigen Begründung abgelehnt, sie sei als Frau zu vielen Gefahren ausgesetzt. Notgedrungen akzeptiert sie den Gegenvorschlag, als Ehreninspektorin, also ohne Bezahlung, in den Südwesten zu gehen.

Inzwischen lebte ich aus Überzeugung wie eine Vagabundin, war eine Nomadin wie die Aborigines. Es hatte sich ein so enger Kontakt mit ihnen entwickelt, dass ich meine Arbeit unmöglich wieder aufgeben konnte … Ich entschied mich dafür, mein restliches Leben diesen faszinierenden Studien zu widmen. Zugegebenermaßen stellte dies kaum ein Opfer für mich dar. Abgesehen von der Freude an der Arbeit um ihrer selbst willen bedeuteten mir die frische Luft, die Freiheit, die Weite inzwischen viel mehr als das Stadtleben.

Im November 1912 schlägt sie ihr Zelt in Eucla auf, einer verlassenen Arbeiter-Siedlung an der transkontinentalen Telegraphenlinie:

Vom Sand zugewehte, heruntergekommene Häuser und eine Straße genau an der Stelle, an der die majestätischen Klippen der Großen Australischen Bucht in das Land reichen …

Daisys Zelt wird eine Art Feldzeichen für umherziehende Aborigines, die der Vormarsch der Weißen zu Fremden im eigenen Land gemacht hat. Als sie in Eucla ankommt, leben dort 30 Aborigines, als sie es verlässt, sind es mehr als 150. Sie macht sich weiterhin täglich Notizen, beschreibt Rituale und Zeremonien, Beziehungen und Handelsrouten.

Mitte 1914 wird sie zu einem Kongress nach Adelaide eingeladen. Die weite Reise lohnt sich, die Wissenschaftler nehmen ihre Ausführungen begeistert auf. Daisy bleibt einen Monat, um Vorträge zu halten. Doch die »angenehme und ermutigende Erfahrung« wird getrübt durch die Nachricht, dass in Europa Krieg herrscht.

Während des Krieges bleibt Daisy in Eucla. 1918 erleidet sie jedoch einen körperlichen Zusammenbruch und muss einige Wochen im Krankenhaus verbringen. Aber kurz vor ihrem 60. Geburtstag packt sie ihre Sachen und zieht wieder in den Busch.

Man muss die Einsamkeit um ihrer selbst willen lieben, um in ihrer Fülle das perfekte Glück zu schmecken, das diese wunderbaren offenen Räume geben. Wind und Sonnenlicht und weite klare Räume. Dämmerung und Abend und glänzende Sterne …

Ihre Verbundenheit mit den Aborigines erklärt die Irin damit, dass diese viel mit den Kelten gemeinsam hätten: Beide Völker seien gefühlvoll, aufbrausend und abergläubisch, hätten eine enge Verbindung zu den Mythen und Legenden ihrer Vorfahren, und ihre Lieder und Sagen seien durchzogen von Melancholie.

Oft kommen am Abend Traumechos eingeborener Stimmen, vom Wind getragen, eigenartige Klänge, die deine Seele in eine barbarische Vergangenheit zu bringen scheinen, in der sie einst gelebt hat und umhergezogen ist. Die Gesänge sind dieselben wie die ihrer fernen Vorfahren … Viele klingen eigenartigerweise wie die von Kelten oder Orientalen … Als Kelte kann man die Gefühle spüren, die der Sänger nicht in Worte fassen kann …

Ihr nächstes Ziel ist Ooldea, eine Siedlung in der Nullarbor-Ebene, 700 Kilometer von jeder anderen Ortschaft entfernt. Für Daisy wird es eine Art Zuhause.

Ooldea selbst ist zwar nicht viel mehr als eine der vielen Senken inmitten der unendlichen Sandhügel, und doch ist es ein Naturwunder. Nie hätte ein weißer Mann in dieser öden Kuhle, über die der Sand hinwegfegt, eine niemals versiegende Quelle vermutet – aber man brauchte nur ein wenig im Boden zu kratzen, und schon stieß man wunderbarerweise auf Wasser.

Seit jeher kommen Aborigines-Stämme über hunderte von Kilometern zu diesem wundersamen Wasserloch, um ihre Zeremonien abzuhalten. Doch die Weißen beanspruchen das Wasser für ihre Lokomotiven, deren Schienen quer über den traditionellen Versammlungsplatz verlaufen. Als Daisy im September 1919 ankommt, ist sie entsetzt:

Einige hundert heruntergekommene Eingeborene hatten ihre Lager an den Gleisen aufgeschlagen, zogen an der Bahnlinie auf und ab und bettelten an jeder Haltestelle, viele schon von Krankheit gezeichnet … Die Nachwirkungen des Krieges waren immer noch zu spüren, und die Unruhe unter

den Weißen betrübte mich fast genauso wie die offensichtliche Verwahrlosung der Schwarzen.

Hilflos sieht Daisy mit an, wie die Aborigines dem Alkohol verfallen, an Syphilis sterben, wie die Frauen sich prostituieren. Sie tut, was sie kann, um »die alten Bedingungen mit den neuen in Einklang zu bringen«:

Vor meinem kleinen Zelt kamen die Eingeborenen zusammen und warteten auf mich. Alte Freunde saßen geduldig da, und nackte Neuankömmlinge trieben sich voller Scheu manchmal zwei Tage lang in den Büschen herum, bis sie den Mut aufbrachten, diese Kabbarli anzusprechen, die so weit im Land bekannt war … Nachdem ich ihre Namen und Herkunft erfahren hatte, erklärte ich ihnen die Gesetze der Weißen, die Möglichkeiten und Gefahren dieses neuen Zeitalters, in das sie hineingestolpert waren.

1932 trifft eine Besucherin ein, die Daisy Bates berühmt macht. Die amerikanische Journalistin Ernestine Hill hat von der exzentrischen alten Dame gehört, die bei den Aborigines lebt, und wittert eine gute Story. Die beiden Frauen verstehen sich sofort. Ernestines Artikel werden vielfach veröffentlicht, und bald spricht ganz Australien von der »bezaubernden kleinen Lady alter Schule, Tochter irischer Landadeliger, die von den geheimnisumwittertsten Menschen der Welt als Stammesangehörige und Schutzgeist akzeptiert wurde«.

Ernestine Hill sorgt sich um Daisy. Das Leben in der Wüste, 700 Kilometer vom nächsten Arzt entfernt, scheint ihr nicht das Richtige für eine zunehmend vergessliche und gebrechliche alte Frau. Im August 1933 teilt Daisy ihr jedoch in einem aufgeregten Brief mit, sie reise nach Canberra. Regelrechte Kämpfe zwischen Siedlern und Aborigines im Nordwesten haben den Innenminister bewogen, sie telegraphisch um Hilfe zu bitten. Daisy nimmt den nächsten Zug, freut sich über die Wertschätzung der Politiker. Aber ihr Lösungsvorschlag für die Unruhen – sie will selbst als Vermittlerin hinfahren – wird abgelehnt: Sie sei zu alt. Enttäuscht kehrt die 74-Jährige nach Ooldea zurück. Dort muss sie feststellen, dass Missionare ein neues Lager eingerichtet haben. Daisy hat ausgedient.

Trost bringt ihr ein Telegramm, das Anfang 1934 eintrifft: Sie erhält den Orden »Commander of the British Empire«.

Diese Anerkennung erreichte mich, als es in meinem Lager schon fast nichts mehr zu essen gab und in meinem Herzen kaum noch Hoffnung war. Für mich war es die umfassende Anerkennung meines Lebenswerks.

Ernestine Hill ist es zu verdanken, dass Daisy nicht nach Art der Aborigines einfach in der Wüste sitzen bleibt und auf den Tod wartet. Sie kennt Daisys Aufzeichnungen und schreibt ihr, sie habe ihren Freunden gegenüber die Verpflichtung, sie zu veröffentlichen. Tatsächlich beginnt Daisy, ihre Sachen zu packen.

> *Ich hatte geglaubt, ich würde meine letzten Tage in Ooldea verbringen … Aber schließlich kam ein Tag, der mir Hoffnung brachte, all meine Manuskripte auszuwerten und meine Lebensaufgabe zu vollenden … Meine zahllosen Notizen waren irgendwie und irgendwo auf weißes und braunes Papier geschrieben, in Tagebücher, Notizbücher, auf Zettel, unlesbar und unverständlich für jeden außer mich, in allen möglichen Behältnissen verstaut, die ich in meinem Zelt unterbrachte …*

Als sie Ooldea im Jahr 1935 verlässt, helfen ihr 13 Männer, die in zahlreiche Kisten und Koffer verpackten Aufzeichnungen zum Zug zu tragen. In Adelaide schreibt sie ihr Buch *Passing of the Aborigines*, überarbeitet und ordnet ihre Notizen und schenkt die insgesamt 94 Aktenordner der Nationalbibliothek.

1941 zieht sie ein letztes Mal in die Wildnis: Mit 81 Jahren schlägt sie ihr Lager in Ooldea auf, in der Hoffnung, dass ihre »Enkel« kommen, doch vergebens. Im Jahr darauf kehrt sie endgültig in die Stadt zurück. Sie stirbt mit 91 Jahren in Adelaide.

Der englische Gesellschaftsfotograph Douglas Glass hat sie 1948 dort aufgespürt und fotographiert. Er findet sie in einem Vorortbungalow, wo sich eine befreundete Dame um sie kümmert. Glass' Besuch bereitet Daisy Vergnügen, sie zieht ihr bestes Kostüm an, setzt sich in Pose und zeigt, dass sie mit 89 Jahren immer noch seilspringen kann. In ihrem Buch schließt sie:

> *Nichts ist je verloren in dieser Welt, und wenn ihnen [den Aborigines] der leichteste Eindruck bleibt von etwas, das ich gesagt oder getan habe, durch Beispiel oder Hingabe, als Trost in der Vergangenheit oder Hoffnung für die Zukunft, bin ich zufrieden.*

G. L.

Ruf der Tropen

Mary Kingsley (1862-1900)

Sammlerin für Wissenschaft und Forschung

Das Leben eines Händlers ist in dieser Zeit ziemlich unerquicklich, aber sicher nie langweilig. Davor bewahrt ihn ein Mob lärmender, gefährlicher, diebischer Wilder, die den ganzen Tag auf dem Hof sind, in die Küche gehen und irgendwelche Scheußlichkeiten als Handelszauber in das Essen mischen, sich an seiner beweglichen Habe großzügig bedienen und es sich in seinem Heim, sogar am Esstisch gemütlich machen. Nachts schlafen sie in seinen Vorräumen, um gleich am Morgen im Laden zu sein. Elend wird es dem Händler ergehen, der nachgibt und diese Invasion toleriert, denn nie wird wieder in seinem Haus Ruhe einkehren. Zusätzlich zu den Fliegen werden immer auch einige kräftige schwarze Herren an seinem Tisch sitzen. Wenn er die Preise erhöht, ist er ein verlorener Mann. Denn die Afrikaner begreifen sehr genau, dass immer alles teurer, nichts jedoch billiger wird, und da Zeit kein Thema für sie ist, halten sie ihre Waren einfach zurück. Das Gebiet wird damit ruiniert, der Händler ebenfalls, denn die Preise für das, was er wieder weiterverkauft, kann er eben nicht erhöhen. Ein Händler muss, um zu überleben, ein ›Mann des Teufels‹ sein. Mir wurde freundlicherweise gesagt, ich sei so einer – das ist ein großes Kompliment. Er darf keine Schwächen zeigen und muss charakterlich eine Mischung aus Kardinal Richelieu, Brutus, Julius Cäsar, Metternich und Mezzofanti sein – letzterer, um das Dolmetschen im hiesigen Geschäftsleben zu besorgen.

In diesem Fall ist der »Mann des Teufels« eine schmale, blauäugige Engländerin, mit streng gescheitelten mittelblonden Haaren. Entgegen aller Konventionen ist sie alleine nach Westafrika gereist, um dort Fische und Fetische zu sammeln. Ihr Name ist Mary Kingsley, und da ihr nur ein begrenztes Budget zur Verfügung steht, versucht sie ihre Reisekasse mit ein wenig Handel aufzubessern. Tatsächlich lebt sie auf ihrer Reise und den verschiedenen Expeditionen das abenteuerliche und raue, allerdings auch freie Leben eines Mannes, ohne jedoch Rock und Korsett gegen Hosen einzutauschen.

Ich nahm eine Abkürzung und lag im nächsten Moment zwischen etlichen scharfen Stacheln ungefähr fünfzehn Fuß unter der Erdoberfläche auf dem Grund einer Großwildfalle. Das sind die Augenblicke, wo die Segnung eines guten, festen Rocks so richtig zur Geltung kommt. Hätte ich mich an die

Ratschläge vieler Leute in England gehalten und mich für männliche Kleidung entschieden, wäre ich jetzt bis auf die Knochen durchbohrt gewesen. So aber saß ich, abgesehen von einer Menge Schrammen, dank der Stofffülle meines Rockes vergleichsweise gemütlich auf neun Ebenholzstacheln von gut zwölf Inches Länge und rief frohgemut um Hilfe.

Glücklicherweise hält sie sich auch an all die anderen Ratschläge ihrer Landsleute nicht, denn sonst wäre sie sicher nie in Westafrika gelandet: »Da kannst du unmöglich hinfahren. Dort ist doch Sierra Leone, das Grab des weißen Mannes«, muss sie sich etwa sagen lassen.

Doch Mary Kingsley kann endlich ihre eigenen Entscheidungen treffen. Bis zu ihrem 30. Lebensjahr hat sich die 1862 in Islington geborene Mary um die kranken Eltern und nach deren Ableben um den Haushalt des jüngeren Bruders gekümmert. Als dieser eine Asienreise anstrebt, ist sie zum ersten Mal völlig ungebunden und kommt in den Genuss, eigene Lebenspläne zu schmieden.

Im Jahre 1893 verfügte ich zum ersten Mal in meinem Leben über eine freie Zeit von fünf, sechs Monaten, eine Zeit, die noch nicht fest verplant war. Ich fühlte mich wie ein kleiner Junge, der ein Halbkronenstück in der Tasche hat, und heckte mir einen Plan aus, was ich jetzt alles anfangen könnte. Geh und studiere die Tropen, sagte mir eine innere Stimme. Zu welchem Ort der Erde aber sollte ich mich begeben? Tropen bleiben Tropen, wie auch immer. Also nahm ich einen Atlas zur Hand, und da die malaiische Region zu weit entfernt war und zu teuer kommen würde, konnte mein Reiseziel nur Südamerika oder Westafrika sein.

Während ihrer Kindheit studiert sie lediglich in der häuslichen Bibliothek, selbst der Besuch einer Schule bleibt ihr versagt. Ihr Vater, George Kingsley, ist Arzt. Immer wenn sich eine Gelegenheit bietet, geht er auf Reisen und schickt dabei nur unregelmäßig Geld nach Hause. Die Mutter ist depressiv und Mary ist »ihr erster Offizier von dem Tag an, als ich ein Staubtuch halten konnte«.

Während der Vater oft monatelang verreist ist, lebt Mary mit der kranken Mutter und dem zwei Jahre jüngeren Bruder Charley völlig zurückgezogen in einem Haus in Highgate bei London. Die einzige Abwechslung sind die väterlichen Briefe, in denen er schillernd seine abenteuerlichen Erlebnisse beschreibt. Wenn Mary nicht gerade mit Hausarbeit beschäftigt ist, liest sie die Bücher aus der väterlichen Bibliothek und eignet sich so autodidaktisch eine wilde Mischung an Wissen an. Einzig für den Deutschunterricht wird ein Lehrer für Mary engagiert, ansonsten ist die Wissbegierige auf sich selbst gestellt. George Kingsley bringt Fetische, Amulette und ausgestopfte Tiere von seinen Reisen mit und interessiert sich für Opferriten einzelner Völker. Mary hilft ihm schon als Kind, seine Sammlung zu ordnen und zu katalogisieren. So scheint ihr Interesse daran, das »Denken in Afrika sowie die Schwierigkeiten, es kennenzulernen« zu erforschen, nicht einem plötzlichen Einfall entsprungen, sondern irgendwo zwischen Kindheit und dem kurz aufeinanderfolgenden Tod beider Eltern gewachsen zu sein. Nachdem sie sich also für Westafrika entschieden hat, obwohl sie nichts Näheres über die dort herrschenden Zustände weiß, kauft sie sich einen wasserdichten Sack mit einem ordentlichen Verschluss sowie ein One-Way-Ticket von Liverpool nach Saint Paul, dem heutigen Luanda in Angola. Auch nimmt sie den Auftrag eines Freundes – Dr. Günther vom Britischen Museum – an, auf ihrer Reise Fische und Insekten für ihn zu sammeln.

Derart ausgestattet, mit einer ernsthaften Aufgabe, seetüchtigem Gepäck und dazu einem ausgesprochenen Sinn für Humor, geht Mary Kingsley im August des Jahres 1893 an Bord eines alten Frachtschiffs.

Auf meiner ersten Reise kannte ich die Küste noch nicht, und die Küste kannte mich noch nicht, und wir erschreckten uns gegenseitig … Aber langsam lernten wir uns kennen, und meine Ausgangsposition war die bessere, denn ich musste sie bloß davon überzeugen, dass ich nur eine Käfer- und Fetischsammlerin war, während sie mir eine neue Welt zu eröffnen hatte, deren Studium für mich faszinierend war.

Nachdem sie monatelang allein herumgereist ist, angewiesen auf die Hilfsbereitschaft der Händler, schreibt sie über diese:

Den größten Widerruf leistete ich, noch bevor ich ein Vierteljahr an der Küste war. Er betraf meine Ansichten über die Händler. Diese Menschen waren vollkommen anders, als ich erwartet hatte. Die Liebenswürdigkeit, die sie mir entgegenbrachten, kann ich nicht genug betonen … Eben diesen Handelsagenten verdanke ich es, dass ich Orte gesehen habe, die mir sonst nie zu Gesicht gekommen wären. Und dem Respekt und der Zuneigung der Eingeborenen ihnen gegenüber verdanke ich es, dass ich dabei vollkommen sicher war. Wann immer ich als unerwartete Fremde vor einer Faktorei auftauchte, sei es mit dem Dampfer oder dem Kanu, sei es in heruntergekommenem Zustand mitten aus dem Busch, immer wurde ich mit großzügiger Gastfreundschaft empfangen.

In Cabinda wohnt sie im ehemaligen Haus des Forschers Henry Morton Stanley und freundet sich mit dem örtlichen Medizinmann an. Von Matadi aus fährt sie mit der Eisenbahn in das Nachbarland Französisch-Kongo, das heutige Gabun, und trifft dort auf das noch ursprüngliche Afrika. Längst hat der dunkle Kontinent Mary in seinen Bann geschlagen: »Die Chancen sind ziemlich gering, dass man überhaupt in die Heimat zurückkehrt. Westafrika ist eine ›Belle dame sans merci‹«, schreibt sie und trifft nach fünf Monaten wieder in England ein, mit der festen Absicht, trotzdem eine weitere, größere Afrikareise zu unternehmen.

Sie zieht mit ihrem Bruder in eine kleine Wohnung in London und heckt Sparmaßnahmen aus wie: keine Theaterbesuche, keine überflüssigen Omnibusfahrten und keine Ausgaben für Kleidung. Außerdem studiert sie anthropologische Bücher und schreibt die Erfahrungen ihrer ersten Reise nieder. Dr. Günther ist so zufrieden mit Marys Ausbeute von Fischen und Insekten, dass er ihr professionelle Sammelbehälter und finanzielle Unterstützung für eine zweite Reise zusichert. Mary Kingsley lernt in diesem Londoner Jahr viele Menschen kennen, und sie wird in höhere gesellschaftliche Salons gebeten, um dort ihre Reiseberichte zum Besten zu geben. Allerdings muss sie dabei feststellen, dass ihre Zuhörer so gut wie nie an einem kritischen Gespräch über die schwarze Bevölkerung oder die Kolonialpolitik interessiert sind. Als Lady MacDonald beschließt, ihrem Mann, dem britischen Generalgouverneur von Sansibar, Sir Claude Macdonald, in die nigerianische Hafenstadt Calabar zu folgen, bittet sie Mary, sie zu begleiten.

Am 23. Dezember 1894 verlassen die beiden Damen Liverpool und erreichen gut zwei Wochen später Sierra Leone. In Calabar gibt es zu Ehren der Ankunft von Lady MacDonald ein Feuerwerk, und die ganze Siedlung, Weiße und Schwarze, ist versammelt. Zuerst bleibt Mary in Gesellschaft der Eheleute MacDonald und fährt mit ihnen nach Fernando Po. Als sie von dort zurück nach Calabar kommen, stürzt sie sich in den Fisch- und Insektenfang. Da aber der Calabar River nicht sehr ergiebig ist, setzt sie ihre Hoffnung auf den Ogowé an der Südwestküste. Dort wird sie von der britischen Familie Forget aufgenommen, die mit einer einzigen weiteren Familie die evangelische Missionsstation von Talagouga betreibt.

Die nächsten Tage verbrachte ich damit, von den Eingeborenen Fische zu kaufen, natürlich verlangten sie enorme Preise dafür. Aber ich gebe zu, dass mir die Schacherei mit ihren Wucherforderungen gefiel, durch das Geschäft wurden wir auch miteinander bekannt. Wenn wir uns dann im Lauf meiner Kletterpartien begegneten – ich pflegte hinter der Missionsstation auf Käferjagd zu gehen –, kannten wir uns und erschreckten und ängstigten wir uns daher nicht sonderlich.

Die Eingeborenen, mit denen Mary handelt, gehören zum Stamm der Fang. Trotz ihres schlechten Rufes und ihrer kannibalischen Tradition werden sie zu Marys Lieblingsstamm.

Als sie beschließt, eine größere Kanufahrt zu den Stromschnellen oberhalb von Njole zu unternehmen, ist keiner der Fang von Talagouga bereit, sie zu begleiten. Sie sind überzeugt, dass die oberhalb von Njole lebenden Fang sie sofort töten und verspeisen würden. Das alles jedoch hält Mary Kingsley nicht auf, und nach einer überaus abenteuerlichen Kanufahrt mit einer Besatzung der Igalwa möchte sie selbst die Kunst des Kanufahrens erlernen.

Als ich nach Lambarene kam, setzte ich meine Kanustudien natürlich fort, vor allem, was das Vorwärtskommen betraf. Meine Bemühungen waren von Erfolg gekrönt. Und ich kann ehrlich und wahrhaftig sagen, dass ich auf zwei Dinge stolz bin: einmal, dass Dr. Günther mit meinen Fischen zufrieden war, und zum anderen, dass ich mit einem Ogowékanu zurechtkomme und allem, was dazu gehört: Geschwindigkeit, Stil und Steuern – ganz so, als wäre ich ein Afrikaner vom Ogowé.

Es gibt eine ganze Reihe weiterer Taten, auf die Mary Kingsley zu Recht stolz sein kann. Mit großer Offenheit und viel Verständnis entdeckt und untersucht sie die Hintergründe für verschiedene Kulte und Traditionen. So verteidigt sie zum Beispiel die polygame Lebensform der Westafrikaner gegen europäische Moralansichten:

Polygamie bewirkt, dass ein Mann genug zu essen bekommt … Es ist für eine Frau allein ganz unmöglich, die gesamte Hausarbeit zu bewältigen, auf die Kinder aufzupassen, Essen zu kochen, den Gummi vorzubereiten, ihn zum Markt zu bringen, die tägliche Wassermenge vom Fluss zu holen, die Felder zu bestellen und so weiter. ›Je mehr Frauen, umso weniger Arbeit‹, sagt die afrikanische Lady. Ich habe Männer kennengelernt, die lieber nur eine Frau gehabt hätten und dabei ganz zivilisiert den Rest ihres Geldes für sich selbst verwendet hätten, von ihren Frauen jedoch zur Polygamie getrieben wurden.

Mary bemüht sich auch, die Eingeborenensprache zu lernen, hält aber das Händlerenglisch – Pidgin – für eine einfachere und schnellere Kommunikationsform. Außerdem erforscht sie aus ethnologischem Interesse Brautwerbungsmethoden und die Rolle von Magie:

Magie ist schon eine wunderbare Sache. In Afrika treffe ich ständig auf Ideen und Vorgehensweisen, die mit semitischer Magie und solcher aus Irland und Devon identisch sind … Der Medizinmann macht sich mit Gesängen und Tänzen an sein Werk, er schaut in Spiegel und in Wasserlachen, braut etwas zusammen, um einen neuen Schutzzauber zu fertigen. Menschliche Augäpfel, besonders die von Weißen, sind sehr starke Magie … Im Calabargebiet wird großen Häuptlingen nach ihrem Tod der Kopf abgeschnitten und gut versteckt gehalten, aus Angst, dass der Kopf und damit auch der Geist der Stadt gestohlen werden könnte.

Auch dem Kannibalismus tritt sie mit erstaunlicher Unbekümmertheit und dem ihr eigenen Humor entgegen:

Obwohl der Kannibalismus bei den Fang verbreitet ist, stellt er meines Erachtens für Weiße keine Gefahr dar, abgesehen von der Sorge, dass die schwarzen Begleiter nicht verspeist werden. Der Fang isst Menschen nicht wie die Neger aus rituellen Gründen, sondern aus praktischen Erwägungen. Menschenfleisch schmeckt seiner Ansicht nach gut, sehr gut. Er sähe es auch gern, wenn sie es einmal probierten. Doch um Himmels willen, natürlich isst er selbst nie welches, aber im Nachbardorf ist das üblich. Man verachtet ihn sehr dafür, dass er auch seine Verwandten isst, was nicht der Wirklichkeit entspricht: Er isst nämlich nur die Verwandten seines Nachbarn, verkauft aber im Gegenzug seine eigenen Verstorbenen an diese weiter.

Kostproben der genannten Art nimmt sie nicht zu sich, auch trinkt sie ausschließlich abgekochtes Wasser, vorzugsweise als Tee. Sie lässt sich aber für andere Rezepte der Eingeborenenküche begeistern:

Der Koch muss nur darauf achten, dass keine Flammen entstehen. Das Fleisch ist gar, und eine ausgezeichnete Soße hat sich ergeben, bevor die Bananenblätter wirklich verbrennen – Bananenblätter halten eine ganze Menge Hitze aus. Das Gericht schmeckt wirklich herrlich, selbst wenn man es mit Boa Constrictor, Flusspferd oder Krokodil zubereitet. Natürlich verliert Krokodilfleisch nicht seinen moschusartigen Geschmack, der ist aber, soweit ich weiß, durch nichts zu vertreiben.

Bei ihren Ausflügen in den Busch und auf den Kanufahrten durch das Sumpfgebiet zwischen den Flüssen Ogowé und Rembwé, immer auf der Jagd nach Fischen und Insekten, begegnet sie all den genannten Tieren in ungegarter, höchst lebendiger Form. Obwohl sie aus unmittelbarer Nähe einer Elefantenherde beim Schlammbad zusieht, eine Gorillafamilie beim Picknick beobachtet und eines Nachts aus Versehen in eine Herde Seekühe gerät, kommt es nur einmal zu einer kritischen Situation, und zwar mit einem Krokodil:

Beim letzten Mal legte eines der ›silurischen Ungeheuer‹ seine Vorderpranken auf das Heck meines Kanus und bemühte sich darum, unsere

> *Bekanntschaft zu vertiefen. Ich musste mich auf den Bug zurückziehen, um das Gleichgewicht zu halten, und zog dem Tier mit dem Paddel eins über die Schnauze, damit es endlich verschwand. (Würde ich zugeben, dass ich Angst hatte, wäre das nur eine elende Untertreibung.)*

Doch die Angst ist niemals groß genug, um Mary vor einem ihrer Vorhaben zurückschrecken zu lassen, und so dringt sie in völlig unberührte und unerforschte Teile von Französisch-Kongo ein. Als sie bei ihrer Expedition zum Rembwé zweieinviertel Stunden durch einen mannstiefen Sumpf waten muss – mit dem Ergebnis, dass ihr Blutegel »wie ein spanischer Kragen um den Hals« kleben –, schreibt sie pragmatisch:

> *Zum Glück hatten wir etwas Salz zum Tauschen dabei. Es sah sehr lustig aus, wie wir uns gegenseitig salzten. Aber trotz der Wirkung des Salzes fühlte ich mich nach dem Blutverlust ziemlich schwindlig, und als wir nach N'dorko einmarschierten, boten wir einen schrecklichen Anblick. Natürlich hatte das Bluten nicht sofort aufgehört, wodurch wiederum die Fliegen angezogen wurden.*

Egal, welchen Strapazen sie sich aussetzt, immer behält sie ein Auge für die Einmaligkeit der afrikanischen Vegetation und schildert immer wieder ihre verschiedenen Eindrücke:

> *So sehr ich das Leben in Afrika auch genossen habe, so habe ich mich wohl nie derart wohl gefühlt wie in diesen Nachtfahrten auf dem Rembwé. Dieser große, schwarze, gewundene Fluss, in dessen Mitte ein Pfad aus silbern schimmerndem Mondlicht lag, an den Ufern die tintenschwarzen Mangrovenwände und darüber, wo diese Mauern den Blick frei ließen, das schmale Band des Sternenhimmels. Vor mir erhob sich unser Segel, aus seinem Dasein als einfaches Betttuch zu höheren Ehren erhoben, und der schwache rote Schimmer unserer Kochstelle brachte einen einsamen warmen Farbton in das kalte Licht des Mondes.*

Nachdem Mary etwas enttäuscht von der Insel Corsico nach Französisch-Kongo zurückkehrt – sie hatte gehofft, in den Seen beim traditionellen Fischfang, der zur genau festgelegten Zeit von den Frauen der Insel durchgeführt wurde, besonders ausgefallene Exemplare zu ergattern –, erliegt sie »ihrer großen Versuchung«. Sie besteigt zum Abschluss ihres Afrikaaufenthaltes den Mungo Mah

Lobeh. Obwohl sie keine Bergsteigerin ist und weder Fisch noch Fetisch dort oben vermutet, übt der »Thron des Donners« eine unwiderstehliche Anziehung auf sie aus. Er ist 4000 Meter hoch, und Mary ist erst die dritte Person englischer Abstammung, die seinen Gipfel erklimmt. Wieder einmal beweist sie dabei unglaubliche Zähigkeit und Willenskraft. Trotz strömender Regenfälle und obwohl ihre einheimischen Begleiter unglaublich unbeholfen sind – »Dann stelle ich fest, dass die Männer mit ihrem ganzen Holz kein Feuer zustande gebracht haben, und muss ihnen zeigen, was ich gelernt habe, als ich den Fang beim Feuermachen zusah« –, führt sie auch diese Expedition erfolgreich durch.

Als Mary Kingsley im November 1895 wieder in England eintrifft, wartet bereits die Presse auf sie und bittet um ein Interview. Drei unbekannte Fischarten werden nach ihr benannt, und sie findet Aufnahme in die Royal Geographical Society, was – abgesehen von der Ehre – auch praktischen Nutzen bringt. Veröffentlichungen und Vorträge bringen so ein wenig Geld ein, und Mary ist froh über die zusätzlichen Einkünfte. Als sie ihr Buch *Travels in West Afrika* herausbringt, wird es – auch ihres drolligen, humorvollen Schreibstils wegen – von einem breiten Publikum begeistert aufgenommen. Insgesamt veröffentlicht sie drei Bücher, da sie auch das Werk ihres Vaters vervollständigt und in einen druckfähigen Zustand bringt.

Die Bücher verkaufen sich gut, und Mary möchte wieder nach Afrika. Sie ist weiterhin ungebunden und war nach ihren eigenen Worten nie verliebt. Nach Ausbruch des Burenkrieges im Jahr 1899 beschließt sie, nach Südafrika zu gehen, um sich dort als Krankenschwester anzubieten und Verwundete zu pflegen. Die Strapazen gewohnte Mary schreibt allerdings im April 1900:

Ob ich hier heil herauskomme – ich weiß nicht. Diese viele Arbeit, der Gestank, das Waschen, die Klistiere, die Bettpfannen, das Blut – das ist meine Welt.

Nach drei Monaten, in denen sie zu rauchen anfängt und statt verunreinigten Wassers lieber Rotwein trinkt, infiziert sie sich mit Typhus. Sie weiß, dass das ihr Todesurteil ist, sieht ihrem Ende jedoch gefasst entgegen. Ihr letzter Wunsch – eine Bestattung auf See – wird ihr erfüllt.

B. A.

Eine Lampe der Weisheit

Alexandra David-Néel (1868-1969)

Opernsängerin und Philosophin

Das Brautpaar, das sich am 4. August 1904 auf dem französischen Konsulat von Tunis das Jawort gibt, steht bei der Trauung so weit voneinander entfernt, dass der Beamte bittet näherzutreten. Auch wenn die Ehe von Alexandra David und Philipp Néel aus freien Stücken geschlossen wird, ist das scheinbare Widerstreben der beiden nicht bedeutungslos. Schon drei Monate später schreibt Alexandra aus Paris an ihren Mann: »Aber ich hab es dir ja gleich gesagt: Ich bin nicht hübsch, bin nicht fröhlich, bin dir keine Frau, und es ist nicht vergnüglich an meiner Seite«, und weiter:

> *Wir haben zweifellos eine einmalige Ehe geschlossen; wir haben eher aus Bosheit als aus Zärtlichkeit geheiratet. Das war sicher eine Torheit, aber es ist nun mal geschehen. Es wäre klug, unser Leben entsprechend einzurichten, d.h. wie es zu Leuten unserer Veranlagung passt. Du bist nicht der Mann meiner Träume, und ich bin wahrscheinlich noch weniger die Frau, die du brauchst.*

Philipp ist Chefingenieur und leitet den Eisenbahnbau zwischen Tunesien und Algerien. Die 36-jährige Alexandra ist Sopranistin und arbeitet als künstlerische Leiterin am Stadttheater von Tunis, ihre wahre Leidenschaft aber gehört dem Studium fernöstlicher Religionen. Sie ist eine äußerst eigenständige Persönlichkeit mit erstaunlicher Willenskraft, Durchsetzungsvermögen und Unternehmungsgeist. Das zeigt sich schon in ihrer Kindheit: Im zarten Alter von fünf Jahren entwischt sie den in Paris lebenden Eltern und verbringt einen ganzen Nachmittag in einem Wald, wo sie erst am Abend von der Polizei gefunden wird. Knapp 15-jährig läuft sie in den Sommerferien weg, marschiert innerhalb weniger Tage die belgische Küste entlang, durch ganz Holland und schifft sich schließlich nach England ein. Ihren eigenen Worten zufolge kehrt sie erst zurück, als der Inhalt ihrer kleinen Geldbörse aufgebraucht ist. Mit 17 Jahren fährt sie auf eigene Faust mit dem Zug in die Schweiz, um dann, wieder zu Fuß, den St.-Gotthard-Pass zu überqueren. Auch dieses Mal ist es der Mangel an Geld, der sie zu den Eltern nach Paris zurückzwingt, mit denen sie im Übrigen nur ein sehr liebloses Verhältnis verbindet.

Die Ehe der Eltern ist von Beginn an unglücklich, und auch als sich nach 16 kinderlosen Jahren die Tochter Alexandra einstellt, ändert sich nichts daran. Die streng katholische Mutter ist enttäuscht, dass es kein Junge geworden ist, und das lässt sie die Tochter auch deutlich spüren.

> *Ich habe mehr als einmal bitterlich geweint, weil ich das tiefe Empfinden verfließenden Lebens hatte, meiner Jugendtage, die leer vergingen, ohne Anregung, ohne Freude. Ich verstand, dass ich eine Zeit verpfuschte, die nie wiederkommen würde, dass ich Stunden verlor, die schön hätten sein können. Meine Eltern, wie die meisten Eltern-Hühner, die, wenn schon nicht einen großen Adler, doch zumindest eine Verkleinerung davon ausgebrütet hatten, bemerkten nichts davon, und obwohl nicht bösartiger als andere, fügten sie mir mehr Schaden zu, als ein leidenschaftlicher Feind es vermocht hätte.*

Trotz ihres tristen Elternhauses und ihrer beengenden Kindheit entdeckt sie sehr früh ihre Liebe zur Musik und zu Asien. Nachdem ihre Mutter ihren Wunsch nach einem Medizinstudium entsetzt zurückweist – »Sie sind verrückt, mein Kind. Sie wissen nicht, was Sie sagen. Arzt sein? Die Männer verstehen schon nichts davon, und dann eine Frau!« –, zieht sich Alexandra zurück, spielt Klavier, studiert die griechischen Philosophen und findet erst einen Weg aus der selbstgewählten Isolation, als sie mit ihrem Vater dessen Jugendfreund Elisée Reclus besucht.

Reclus ist ein Universalgenie: Gelehrter der Geologie, radikaler Freidenker, Gefährte des Anarchisten Michail Bakunin und Veteran der Pariser Kommune von 1871. Bei ihm, dem weitgereisten Schriftsteller, mit seinen Forderungen nach Unabhängigkeit des Einzelnen – ob Frau oder Mann –, bei ihm in seinem chaotischen Haushalt in Ixelles bestätigt sich für Alexandra zum ersten Mal, was sie bisher nur undeutlich geahnt hat: dass der Mensch frei von Konventionen leben kann. Mit gerade 20 Jahren reist Alexandra allein nach London – diesmal allerdings mit Einverständnis der Eltern. Während ihres dortigen Aufenthaltes macht sie die Bekanntschaft der Theosophischen Gesellschaft. Deren Ziel ist es, eine Kern-

gruppe innerhalb der allumfassenden Bruderschaft der Menschheit ohne Ansehen der Rasse, des Glaubens, des Geschlechts, der Kaste oder der Hautfarbe zu bilden. Aber auch die Förderung der vergleichenden Religionswissenschaften, der Philosophie und der Naturwissenschaften sowie die Erforschung unerklärlicher Naturgesetze und der im Menschen schlummernden Kräfte sind ihr erklärtes Anliegen. Alexandra wird Mitglied der Theosophischen Gesellschaft und hat dadurch Zugang zu einem weltumspannenden Netz von Niederlassungen, das sie bald zu nutzen versteht. Die Archive der Gesellschaft gewähren ihr zum ersten Mal Einsicht in die asiatischen Geheimlehren.

Ihre Begeisterung für asiatische Schriften und das Studium der vergleichenden Religionswissenschaften und der Philosophie bringen sie zu dem Entschluss, Sprachen zu studieren, unter anderem Sanskrit und Chinesisch. Sie kehrt nach Frankreich zurück und lebt in Paris bei einem merkwürdigen Theosophenpaar, einer Zwergin und einem kahlköpfigen »Eingeweihten«. Alexandra studiert wie eine Besessene und bildet nebenbei noch ihre Stimme aus.

Von ihrer Patentante erbt Alexandra ein wenig Geld, und ihre Eltern wollen, dass sie das Geld für später anlegt. Unter Zuhilfenahme ihrer ersten und einzigen Haschischzigarette entscheidet sie sich aber dafür, das Geld zu verschwenden, und unternimmt 1891 ihre erste, eineinhalb Jahre dauernde Asienreise nach Ceylon und Indien.

Der Horror begann, als das Getier, das den Schiffsraum bevölkerte, durch das eindringende Wasser aus seinen Schlupfwinkeln vertrieben wurde und den Salon sowie die Kabinen heimsuchte. Ratten rasten in Panik hin und her, Asseln und Schaben rückten, zu dicken Klumpen geballt, an, einem zähen Lavastrom vergleichbar. Bald war alles bedeckt, der Teppich, die Koje; sie krochen an den Vorhängen hoch, quollen über den Rand des Waschbeckens … Der Eingeborene, der als Steward fungierte, hatte mir zu Beginn des Sturms einen Liegestuhl gebracht, da er sah, dass ich mich nicht in der Koje ausstrecken wollte. Dieser Liegestuhl rutschte nun bei jeder Schiffsbewegung auf dem Teppich herum, sodass ich abwechselnd mit dem Kopf oder mit den Füßen nach unten hing oder an eine Kabinenwand geschleudert wurde. Ich wurde wie ein Ball dauernd hin und her geworfen, stieß mich dabei an sämtlichen Kanten und war schließlich vor Schmerz wie benommen, sodass ich nicht mehr die Kraft aufbrachte, mich von dem Ungeziefer zu befreien, das auf mir herumspazierte, und ein paar neugierige Ratten zu verscheuchen, die auf meinen Liegestuhl geklettert waren, um mich aus der Nähe zu inspizieren. Einen derartigen Alptraum habe ich in all den Jahren auf keiner meiner Reisen mehr erlebt … Sobald ich wieder festen Boden unter den Füßen spürte, fühlte ich mich gesund und munter und voller Tatendrang. Dieser Sandstrand, diese fast wüstenartige Landschaft, in zartrosa Morgenlicht getaucht, das war das Indien meiner Träume, das ich nun erreicht hatte.

Als Alexandra nach Paris zurückkehrt, hat sie Geldprobleme. Ihren Eltern ist es nicht länger möglich, sie zu finanzieren, und obwohl sie in verschiedenen Zeitschriften Artikel unter dem Pseudonym Mitra oder Myrial veröffentlicht, kann sie davon nicht leben. Sie beschließt, auf ihr Talent zu vertrauen und Opernsängerin zu werden. Und als ob es eigens für die reiselustige Mademoiselle erdacht wäre, bekommt sie 1896 ein Engagement in Indochina und mausert sich dort sogleich zum »Star von Hanoi«. 200 Francs pro Abend werden ihr bezahlt. Das ist, verglichen mit einem Angebot der Komischen Oper in Paris von 300 Francs im Monat, ein tatsächlich phantastisches Gehalt. Obwohl sie während ihrer Berufstätigkeit als Opernsängerin ihre Studien der fernöstlichen Religionen und Philosophien zurückstellen muss, gibt sie diese nie ganz auf. Wohin sie auch auf ihren Tourneen reist, immer sucht sie den Kontakt zur spirituellen Elite. Als Alexandra 1900 nach Tunis kommt und den überaus gutaussehenden Philipp kennenlernt, ist sie eine erwachsene Frau, emanzipiert und feministisch. Auch wenn sie nach fast vierjährigem Liebesverhältnis die Verbindung zu Philipp durch Heirat »legalisiert«, hindert sie die Beziehung nicht daran, weiterhin ihr eigenes Leben zu führen. Sie weiß, was sie interessiert, was sie kann, und hat sich mit Vorträgen, wie z.B. »Das körperliche Training in Yoga-Sekten«, vor fachkundigem Publikum und mit religionsphilosophischen Artikeln in angesehenen Zeitschriften einen Namen gemacht. Sie wird in schwer zugänglichen Kreisen wie den Rosenkreuzern und den Freimaurern aufgenommen und pendelt als Vortragsreisende zwischen Paris, London und Barcelona. So zögert sie auch nicht, einen Forschungsauftrag des französischen Erziehungsministeriums anzunehmen und sich auf eine erneute Reise nach Ceylon und Indien zu begeben.

Als Alexandra am 9. August 1911 aufbricht und sich im tunesischen Hafen Bizerte von ihrem Mann verabschiedet, ahnen weder er noch sie, dass sie erst 14 Jahre später zurückkehren wird. Ihrer Suche nach Spiritualität folgt sie so kompromisslos, dass sie Europa und sogar ihren Forschungsauftrag vergisst.

Durch Gespräche, Selbstversuche und eigene Beobachtungen versucht sie, dem Mysterium des Glaubens auf die Spur zu

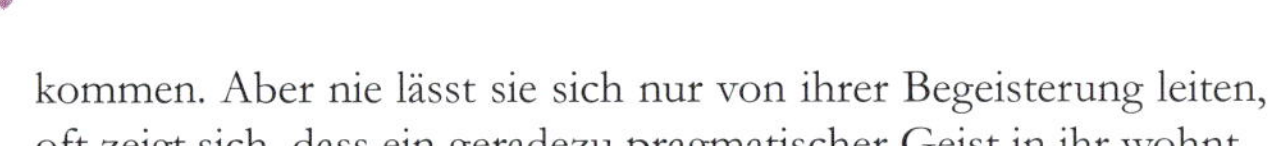

kommen. Aber nie lässt sie sich nur von ihrer Begeisterung leiten, oft zeigt sich, dass ein geradezu pragmatischer Geist in ihr wohnt.

Der Ganges wird seit jeher als heiliger Strom von den Hindus verehrt. Wenn es darum geht, seine Bedeutung zu würdigen, geraten auch gebildete Inder ins Schwärmen. ›Es gibt auf der ganzen Welt keinen Fluss mit solch heilkräftigem Wasser, das jede Verunreinigung beseitigt. Was die Fruchtbarmachung des Bodens betrifft, so ist der Ganges unerreicht. Europäischen Chemikern zufolge ist dies das einzige Wasser, das keine Vermehrung gesundheitsschädlicher Bakterien zulässt.‹ Worauf sich die letzte Behauptung gründet, weiß ich nicht, aber jedenfalls ist sie reichlich übertrieben. In Benares, wo die Wasserversorgung aus dem Ganges betrieben wird, erfolgt die Weiterleitung erst nach dem Passieren mehrerer Becken einer großen Kläranlage und nach Desinfektion. Aber die ›Gläubigen‹ lassen es sich trotzdem nicht nehmen, direkt aus dem Fluss zu trinken und in ihm zu baden … Ich genierte mich nie, Süßigkeiten und andere Speisen, die mir angeboten wurden, zurückzuweisen. ›Sie müssen schon entschuldigen‹, pflegte ich dann zu sagen, ›aber ihre Art, das Essen zuzubereiten, erscheint mir nicht sauber genug; Lebensmittel mit den Fingern anzufassen ist widerlich. Wenn man den Fußboden mit dem Urin von Kühen aufwischt oder den Herd mit Kuhfladen bestreicht, verunreinigt man jedes Kochgut.‹ … Unter dem Vorwand, mich nicht beschmutzen zu wollen, zwang ich mich zu manchen lästigen Prozeduren; so trank ich grundsätzlich nur Wasser, wenn es zuvor in einem mir gehörenden Geschirr abgekocht worden war.

Doch sind die Andersartigkeit der Lebensweisen und der alltäglichen Handlungen für die Philosophin und Religionswissenschaftlerin nur am Rande interessant. Im Mittelpunkt steht für sie immer die Frage nach dem geistigen Hintergrund und Ursprung ritueller Handlungen und Gebräuche. Sie ist sehr offen und bemüht sich in ihren Aufzeichnungen um eine klare, einfache und verständliche Wiedergabe ihrer Erlebnisse und Forschungsergebnisse.

Als ich in Benares lebte, musste einer meiner hinduistischen Freunde verreisen und bat mich, eine Statuette von Krishna an mich zu nehmen und sie während seiner Abwesenheit in Ehren zu halten. Der Krishna wurde auf ein Wandbrett gestellt, mein Boy kaufte jeden Morgen ein paar Blumen für ihn, und ich ließ abends vor ihm Räucherstäbchen abbrennen. Krishna ist ein heiterer, liebenswürdiger Gott, er verlangt nicht, dass man ihn feierlich behandelt … Die Götter werden ebenfalls geschaffen durch Energie, die der Glaube an ihre Existenz auslöst, durch die Gefühle von Furcht oder Liebe, die sie erwecken, und durch den materiellen Kult, der diesem Glauben, dieser Furcht oder dieser Liebe Ausdruck verleiht. Der Gott, an dessen Existenz keiner mehr glaubte, den keiner mehr verehrte, würde aufhören zu existieren. Er wäre ebenso tot wie viele Götter des Altertums oder untergegangener Kulturen. Die Hindus, die mir diese Theorien dargelegt haben, wobei sie den Gottheiten eine rein subjektive Existenz zuschrieben, erklärten diese im gleichen Atemzug für real. Die Gedankenkonzentration von Millionen Anhängern während vieler Jahrhunderte hatte ähnliche Wirkungen wie die auf die Götterbilder bezogenen; sie hatte aus den Göttern wirkliche Wesen gemacht, Kraftzentren, und wenn der Einzelne auch ihre Existenz leugnete, so genügte das nicht, ihrem Einfluss völlig zu entrinnen.

Die indischen Götter scheinen Alexandra jedoch nicht vollkommen in ihren Bann zu schlagen. So sehr sie auch ihre Liebe zu Indien beteuert und auch wenn es ihr vergönnt ist, spirituelle Führer wie zum Beispiel Shri Aurobindo und Mahatma Gandhi kennenzulernen, betrachtet sie den Hinduismus zwar verständnisvoll, aber doch mit sezierendem, oft entlarvendem Blick:

Aus dem, was ich selbst im modernen Indien feststellen konnte, und aus den Geschichten über die Gurus früherer Jahrhunderte schließe ich, dass die Inder mit dem verehrungswürdigen Titel »Guru« verschwenderisch umgegangen sind und ihn wahllos verliehen haben an höchst achtbare Intellektuelle, an halluzinierende Frömmler und an schamlose Betrüger der übelsten Sorte … So blind, wie es einem Fremden vorkommen mag, sind die Inder freilich nicht. Der eigentliche Wert des Gurus, den man verehrt, ist nicht so wichtig, sagen sie. Ebenso wenig der des Gottes, den man anbetet. Der Guru kann ein vulgärer Mensch sein oder vom Standpunkt der geltenden Moral aus sogar verwerflich leben. Was nun den Gott betrifft, so sind die ihm zugeschriebenen Taten nicht wichtig, es kommt nicht einmal darauf an, ob er existiert oder nicht existiert. Was zählt, sind die Gefühle, die der Guru oder der Gott in uns erwecken. Beide fungieren als Stimulans und setzen in uns schlummernde Energien frei.

Philipp bleibt ihr in all den Jahren ihrer Reisen eine stete Verbindung nach Europa, sie schreibt ihm beständig Briefe mit detaillierten Berichten und schickt ihm Artikel zur Veröffentlichung. Er unterstützt sie auch finanziell. Alexandra wendet sich immer mehr dem Buddhismus zu, und als sie den Wunsch verspürt, dem Dalai Lama zu begegnen, gelingt ihr dies mit Hilfe ihrer Verbindungen zu höheren Kreisen. Sie reist nach Kalimpong, einem Dorf in den Bergen des Himalaya. Die landschaftlichen Eindrücke und der Empfang durch den Hofstaat des Dalai Lama, der stets in eine Tracht aus dunkelrotem Tuch und leuchtend gelbem Atlas gehüllt ist, prägen sich tief in ihr Gedächtnis ein. Von Alexandras Wissen und Verständnis beeindruckt, rät ihr seine Heiligkeit, Tibetisch zu lernen. Für die wissbegierige Alexandra scheint nichts unmöglich,

und auch die Bürgerkriege in den verschiedenen Provinzen können sie nicht aufhalten. Sie folgt einer Einladung des Kronprinzen von Sikkim, der selbst Gelehrter ist, und reist mit ihm mehrere Monate durch Sikkim. Schließlich stellt er ihr seinen Schüler Yongden vor. Er ist 15 Jahre alt und wird fortan ihr Dolmetscher, Führer und Vertrauter sein. Nachdem sie sich für fast ein Jahr in die Einsamkeit einer 4000 Meter hoch gelegenen Höhle zurückgezogen hat, beschließt sie, trotz des Verbots für Ausländer, nach Tibet zu reisen.

Einige Jahre später stattete ich dem Pantschen Lama, den die Ausländer besser unter dem Namen Taschi Lama kennen, einen Besuch ab und fand bei ihm die herzlichste Aufnahme. Der hohe Lama hätte mich gerne noch länger, vielleicht auch für immer da behalten. Er bot mir freien Zugang zu allen Bibliotheken an und stellte mir eine Wohnung in einem Nonnenkloster oder in einem Haus in der Stadt Schigatse zur Verfügung … Wegen meines Besuchs in Schigatse mussten die Einwohner eines Dorfes, das 20 Kilometer unterhalb der von mir bewohnten Einsiedelei lag, 200 Rupien Geldstrafe zahlen, weil sie es unterlassen hatten, die britischen Behörden von meinem Aufenthalt zu benachrichtigen. Die Dörfler rächten sich auf eine Weise, wie Wilde es zu tun pflegen, durch Plünderung meines Häuschens. Ich beklagte mich umsonst, mir wurde keine Gerechtigkeit gewährt, sondern befohlen, binnen 14 Tagen das Land zu verlassen. Dies unhöfliche Vorgehen musste gerächt werden, aber ich wollte eine witzige Rache nehmen, wie sie des Geistes meiner großen Geburtsstadt allein würdig war.

Alexandra wird vom Taschi Lama mit der Robe eines ausgebildeten Lamas und der Ehrendoktorwürde der Universität Taschilunpo ausgezeichnet, auf die sie mit Recht stolz ist.

Ihre Neugier auf Lhasa, die tibetische Hauptstadt, ist geweckt. Doch sie lässt sich Zeit, denn sie möchte nicht unvorbereitet nach Lhasa, das auch die »Verbotene Stadt« genannt wird, kommen. Sie will sich erst nach Tibet wagen, wenn sie die bestmöglichen Chancen auf Erfolg dafür sieht. Während in Europa der Erste Weltkrieg zu Ende geht, zieht sich Alexandra in das Kloster Kumbum zurück. »Dem besten aller Ehemänner« schreibt sie:

An die große Reise, von der ich dir erzählt habe, denke ich noch immer, und wenn ich nicht vorher sterbe, werde ich sie bestimmt machen, aber das wird noch nicht bald sein. Damit sie sich wirklich interessant gestaltet, muss ich in der Gegend, in der ich mich gerade befinde, zuvor noch gewisse Studien machen … Möchtest du wissen, wie mein Tagesablauf aussieht? Morgens, kurz vor fünf Uhr, erklingen auf den Tempeldächern die Muschelhörner, die als Trompeten dienen, und fordern zum Aufstehen auf. Der Himmel ist noch voller Sterne, und ich bin schon seit langer Zeit wach. Ein Gang durch die frische Luft – oh, und wie frisch sie ist, das kann ich dir versichern – auf meiner kleinen Terrasse bringt meinen Kreislauf in Gang … Um neun Uhr Frühstück – ein Frühstück auf englische Art, das die Hauptmahlzeit bildet. Studium, Übersetzung aus dem Tibetischen … Ich habe dir in meinem letzten Brief ausführlich von der politischen Lage in diesem Land berichtet. Sie ist sehr konfus und voller Bedrohungen. Solltest du womöglich ganz unvermittelt nichts mehr von mir hören, darfst du nicht denken, dass irgendein tragisches Ereignis dahintersteht, sondern lediglich, dass ich ganz plötzlich gezwungen war, mich an einen sicheren Ort zurückzuziehen, zu dem es keine Postverbindung gibt … Da es mir zur Zeit unmöglich ist, ein reguläres Testament vor einem Notar zu machen, möchte ich dir für den Fall, dass ich in Zentralasien sterben sollte, hier noch einmal die Verfügung bestätigen, die ich schon zu wiederholten Malen ausgesprochen habe, damit du keinerlei Schwierigkeiten bekommen wirst, mein Erbe anzutreten.

Trotz aller Versenkung in die tibetisch-buddhistischen Lehren und ihrer Wandlung zu einer »Lampe der Weisheit«, wie sie in Asien ehrenvoll betitelt wird, behält Alexandra den Blick für die Realitäten des Lebens. Ihre Wahrnehmung und Einschätzungen sind verblüffend scharf und nüchtern. Selbst aus dem fernen Asien verfolgt sie die politische Lage in Europa, und während sie sich auf ihre außergewöhnliche Expedition zur »Verbotenen Stadt« vorbereitet, denkt sie über ihre Zukunft nach.

Ich sehe einen neuen Krieg am Horizont, einen allgemeinen Zusammenbruch, und unsere Einkünfte auf ein Minimum, wenn nicht gar auf Null, reduziert. Nun gut! Aufgrund meiner Lebensphilosophie reicht es mir aus, in einer Höhle zu leben oder mich gemeinsam mit Aphur, wie ich es in einigen Monaten zu tun gedenke, zu Fuß und fast ohne Geld auf die Reise zu begeben, aber mich lässt der Gedanke nicht gleichgültig, in Europa zur Bettlerin zu werden und in einem von Proletarierfamilien bewohnten Haus zu leben und wie meine Nachbarn mein Geschirr zu spülen und meinen Fußboden zu kehren. Ein Leben um diesen Preis zu akzeptieren, würde ich als entwürdigend empfinden … Was Aphur angeht, der mich mit ziemlicher Gewissheit nach Algerien begleiten wird, so habe ich dir dazu nicht allzu viel zu sagen. Ich habe diese Frage eingehend erwogen und meinen Entschluss erst nach langem Nachdenken gefasst. Es ist nur recht und billig, dass ich ihn mit mir nehme, wenn er es weiterhin wünscht, da er auf seinen ererbten Anteil an Grund und Boden verzichtet hat, um mich zu begleiten.

Anfang Februar des Jahres 1921 begibt sich Alexandra in Begleitung vom Lama Yongden, genannt Aphur, mit den landesüblichen Verkehrsmitteln, nämlich zu Fuß und auf Maultieren, mit geringem Gepäck auf die Reise durch die westchinesische Provinz Szetschwan. Nach über zwei Jahren nähert sie sich der Grenze des sogenannten freien Tibet, dem Dokar-Pass, und wäre die bisherige Reise nicht schon abenteuerlich genug gewesen, so könnte man sagen, dass jetzt das Abenteuer beginnt. Verkleidet als arme tibetische Bettler, mit einem Aluminiumtopf, einer Pistole, ein wenig Gold im Gürtel und mit einem kleinen Baumwollzelt ausgerüstet, schleichen sie sich, anfänglich in Nachtwanderungen, in das »Verbotene Land«. An Philipp schreibt sie:

Ich sage dir gleich vorab, dass mir die Wanderung, zu der ich aufbrach, als ich dir meinen letzten Brief geschickt habe, voll und ganz gelungen ist (so vollkommen, wie ich es mir in meinen kühnsten Träumen nicht ausmalen konnte). Schon für einen kräftigen jungen Mann wäre dieser Ausflug ein überaus kühnes Unterfangen gewesen, und für eine Frau meines Alters schien diese Unternehmung der pure Wahnsinn zu sein. Nichtsdestoweniger habe ich einen vollen Erfolg zu verzeichnen, doch selbst wenn man mir eine Million bieten würde, um das Abenteuer unter den gleichen Bedingungen zu wiederholen, würde ich zweifellos ablehnen. Heute sage ich dir, dass ich in Lhasa zum Skelett abgemagert angekommen bin … Meine Dauerreisen sind beendet. Ich habe sie, wie ich meine, würdig mit dieser letzten Wanderung gekrönt, die mich durch einen Landstrich geführt hat, der nach den allerbesten Informationen noch nie von einem Angehörigen der weißen Rasse bereist worden ist und in den sich auch Tibeter selbst kaum hineinwagen, da die Volksgruppen, die da leben, einen äußerst schlechten Ruf genießen.

Alexandra weiß um die absolute Einmaligkeit ihrer neunmonatigen Reise, und als sie 1925 nach Frankreich zurückkehrt, ist sie dank der Medien bald weltberühmt und wird mit Ehrungen überhäuft. Nur ihr Ehemann verzichtet zu ihrer Enttäuschung auf eine Wiederaufnahme eines gemeinsamen Haushaltes, und so lässt sie sich mit ihrem treuen Weggefährten Aphur in den französischen Alpen nieder. Innerhalb von zehn Jahren verarbeitet sie ihre Erfahrungen und Erkenntnisse in Büchern und Artikeln. Sie adoptiert den Lama Yongden, der ihr lebenslang Vertrauter und Gehilfe bleibt. Mit Philipp bleibt sie verheiratet und erhält die freundschaftliche Verbindung. Ihre Korrespondenz beläuft sich zum Ende hin auf 3000 Briefe. Noch bevor der Zweite Weltkrieg ausbricht, ist die reiselustige 68-Jährige mit ihrem 36-jährigen Adoptivsohn wieder in Zentralasien. Erst die Nachricht von Philipps Tod, die sie sehr erschüttert, zwingt sie wegen der Erbschaftsangelegenheiten zurück nach Frankreich. Aber nicht nur den »besten aller Ehemänner und einzigen Freund« überlebt Alexandra, sondern auch, zu ihrem großen Kummer, Aphur, ihren Adoptivsohn. Er stirbt 1955 im Alter von 55 Jahren. Sie bewahrt seine Asche in einer Schatulle zu Füßen einer goldenen Buddhastatue in ihrem tibetischen Gebetszimmer auf. Obwohl sie jetzt schon sehr alt ist, kann sie mit ihrem klaren Verstand und ihrem starken Willen immer noch beeindrucken. Sie gewinnt eine junge Dame, Marie Madeleine Peyronnet, zur Gesellschafterin. Sie wird Alexandra nicht nur ermöglichen, bis 19 Tage vor ihrem Tod – da ist sie fast 101 Jahre alt – zu arbeiten, sondern sie wird auch ihren letzten Willen erfüllen. Die Asche von Alexandra David-Néel und die Asche des Lama Yongden werden, unter Mademoiselle Peyronnets persönlicher Aufsicht und von einer dreistündigen Zeremonienlesung begleitet, in den Ganges gestreut. So vollendet sich Alexandras Leben, das eine Zeitspanne von der Erfindung des Fahrrads bis zur ersten Mondlandung umfasst, auf einer letzten Reise. B. A.

Im Bann der Wüste

Gertrude Bell (1868-1926)

Englische Entdeckerin, Archäologin und Politikerin

Was für eine faszinierende Frau – von überschäumender Abenteuerlust, zielstrebig und selbstbewusst, eine leidenschaftliche Kämpferin, doch frei von jeder Arroganz. Gertrude Bell kennt die arabische Wüste ebenso gut wie ihr Freund Lawrence von Arabien, sie ist Land und Leuten hoffnungslos verfallen, und dieses Gefühl beruht auf Gegenseitigkeit. »El Chatun«, Hohe Dame, so nennen die Scheichs die rothaarige Lady, die maßgeblich an der Gründung des Irak beteiligt ist. Als sie nach einer ihrer Englandreisen in ihre Wahlheimat Bagdad zurückkehrt, berichtet sie dem Vater:

In den ersten beiden Tagen konnte ich wegen der ununterbrochenen Ströme von Menschen, die mich besuchen kamen, gar keine Arbeit verrichten. ›Licht unserer Augen‹, sagten sie, während sie meine Hände küssten … Es steigt einem ein bisschen zu Kopfe, weißt Du.

»Sie verfügte über die Gabe, einem klarzumachen, dass das Leben voll und reich und aufregend war«, schreibt die Schriftstellerin Vita Sackville-West nach einem Besuch in Bagdad. Aber nur vier Monate nach dieser Begegnung scheint Gertrude Bell selber genug vom Leben zu haben; sie stirbt, wahrscheinlich an einer Überdosis Schlaftabletten – ein unglaublicher Schock für alle, die ihr nahestehen.

Als Tochter eines steinreichen Kohle- und Stahlbarons hat Gertrude Lowthian Bell alle Voraussetzungen, um ein sorgenfreies Luxusleben zu führen. Zwar verliert sie schon mit drei Jahren ihre Mutter, entwickelt aber ein enges und vertrautes Verhältnis zu der Schriftstellerin Florence Ollife, die ihr Vater Hugh fünf Jahre später heiratet. Florence ist wie Hugh fortschrittlich eingestellt. Die beiden schicken die hochbegabte Tochter darum aufs College und ermöglichen ihr, als eine der ersten Frauen in Oxford zu studieren. »Ich möchte wenigstens eine Sache von Grund auf wissen und können. Ich möchte mich ganz in etwas vertiefen«, begründet Gertrude ihren Wunsch zu studieren.

1888 schließt sie ihr Studium der Zeitgeschichte mit Auszeichnung ab und widmet sich anschließend dem Gesellschaftsleben, Sprachstudien und Reisen. Wie üblich werden ihr drei Ballsaisons zugestanden, um einen Ehemann zu finden, aber sie kann sich für

keinen Kandidaten erwärmen und bleibt allein. Im Winter 1891 beginnt sie Persisch zu lernen. Ihr Onkel, der britische Botschafter, hat sie nach Teheran eingeladen. Gertrude ist verzaubert:

> *Ich habe nie gewusst, was eine Wüste ist, bis ich hierherkam. Es ist etwas ganz Wunderbares! Und plötzlich, aus dem Nichts, aus einem bisschen kaltem Wasser, bricht ein Garten hervor. Und was für ein Garten! Bäume, Brunnen, Becken, Rosen und ein Haus darin, und was für ein Haus! Häuser wie in unseren Kindermärchen! Besetzt mit winzigen Spiegeln in zauberhaften Mustern, blaue Fliesen, Teppiche, das Plätschern fließenden Wassers, und der Brunnen. Hier sitzt der verzauberte Prinz – feierlich, würdevoll, in lange Gewänder gekleidet. Er schreitet Dir entgegen, während Du eintrittst, sein Haus ist Deines, sein Garten ist Deiner, sein Tee und seine Früchte … Ach, wir kennen keine Gastfreundschaft im Westen.*

In Persien passiert, was in England nicht gelingen wollte: Die 23-Jährige verliebt sich. Henry Cadogan ist Mitarbeiter der britischen Gesandtschaft, ein begeisterter Sportler, der sich wie Gertrude für Literatur und Geschichte interessiert. Drei Monate sind die beiden fast täglich zusammen, dann hält Henry um Gertrudes Hand an. Doch ihre Eltern verweigern die Zustimmung. Sie haben gehört, dass der mittellose Diplomat ein Spieler sein soll.

Gertrude käme es nie den Sinn, den Eltern zuwiderzuhandeln. Kurz vor ihrer Rückkehr nach London schreibt sie: »Uns beiden bleibt nichts anderes, als zu warten und zu warten, bis er [Henry] Botschafter oder etwas Überraschendes und Einträgliches wird.«

Neun Monate später fällt Cadogan vom Pferd, stürzt in einen eisigen Fluss und stirbt an Lungenentzündung. Gertrude trauert Jahre um ihn. Sie verarbeitet ihren Schmerz, indem sie auf Reisen geht, unter anderem unternimmt sie mit einem ihrer Brüder eine sechsmonatige Weltreise. Außerdem entdeckt sie das Bergsteigen, noch heute trägt eine Spitze im Berner Oberland ihren Namen.

Doch der Orient lässt sie nicht los. Sie studiert Persisch und Arabisch, veröffentlicht ihr erstes Buch *Persische Reisebilder* und eine Übersetzung der Gedichte des persischen Dichters Hafis, die

noch heute als eine der besten gilt. 1899 kehrt sie schließlich auf Einladung des Deutschen Generalkonsuls in den Nahen Osten zurück, nach Jerusalem.

Dort sucht sie sich als erstes einen Arabischlehrer, kauft sich ein Pferd und erkundet mit einheimischen Begleitern das Land. Tief beeindruckt ist sie von einem Besuch im südlich von Jerusalem liegenden Petra – »eine Märchenstadt, rosa und wunderbar«. Vor allem aber zieht es die Abenteurerin in die Wüste.

Soll ich euch sagen, was mein Haupteindruck ist? Die Stille. Es ist wie die Stille der Berggipfel, aber noch intensiver, denn dort kennt man das Geräusch des Windes und in der Ferne Wasser und herabstürzende Eisbrocken und Steine. Dort ist eine Art Echo der Geräusche, Du kennst es, Vater. Aber hier – nichts.

Fern aller Konventionen lässt sie ihrer Abenteuerlust freien Lauf und dringt gegen den Widerstand der türkischen Verwaltungsbeamten – der Nahe Osten gehört zu jener Zeit zum Osmanischen Reich – in die unzugängliche Gebirgsregion Dschebel Druz im Süden des heutigen Syriens vor. »Wenn ich erst drusisches Land betreten habe, reite ich schnell weiter, und die Türken werden es schwer haben, mich einzufangen.« Von den rebellischen Drusen wird die unerschrockene Reisende freundlich aufgenommen – wer die Türken überlistet, gilt automatisch als Freund. Über Damaskus erreicht sie die antike Stadt Palmyra:

> *Aber nach was für einem Ritt! … Kurz nach drei sagte Ahmed: ›Oh Lady! Das Licht geht auf‹. Ich hatte das Gefühl, ein Leben lang im Sattel gesessen zu haben, und mein Pferd fühlte wohl ähnlich. Bei Sonnenaufgang, weit in der Ferne, sah ich auf einer Hügelgruppe den Palast von Palmyra. Ich frage mich, ob die weite Welt eine einzigartigere Landschaft bieten kann. Palmyra sieht wie das weiße Skelett einer Stadt aus, das knietief im angewehten Sand steht.*

Unterwegs sucht Gertrude stets den Kontakt zu den Scheichs und Stammesführern der Region, denen sie ohne Scheu, aber mit ausgesuchter Höflichkeit begegnet. Ihr Arabisch ist mittlerweile so gut, dass sie kaum noch auf Dolmetscher angewiesen ist, wenn sie mit ihnen bei Zigaretten und Kaffee zusammensitzt. Von diesen Begegnungen berichtet sie ausführlich in ihren Briefen:

> *In der vergangenen Nacht traf aus dem Osten eine große Karawane mit Kamelen ein, die den Agail-Arabern gehören und in Damaskus verkauft werden sollen. Der Anführer ist ein Scheich Muhammad. Er erzählte mir, dass er die Absicht habe, so Gott, der groß ist, will, mit mir zu reisen … Ich traf sie beim Frühstücken von Datteln, Kamelmilch und dem bitteren schwarzen Kaffee der Araber an – ein unvergleichliches Getränk. Der Grund ist der, dass er den zusätzlichen Schutz meiner drei Soldaten – er hat zwei eigene – in Anspruch nehmen möchte. Für mich ist es ein Vergnügen, einem Agail einen Gefallen zu tun. Wir unterhielten uns sehr angenehm und machten Pläne für ein Treffen in Damaskus.*

Ähnlich lebendig schildert sie die Begegnung mit einem Scheich der Hasineh-Araber:

> *Ein Jüngling von 20 Jahren oder jünger, gut aussehend, ziemlich dicklippig, ernst, das Haar in dicken Zöpfen unter seiner Keffieh [tuchartige Kopfbedeckung] herabhängend … Er besitzt 500 Zelte und ein Haus in Damaskus und weiß der Himmel wie viele Pferde und Kamele. Nach dem Tee erwiderte ich seinen Besuch und saß auf Teppichen und großen Kissen im Zelt des Scheichs. Einer nach dem anderen kamen die Araber herein, bis der Kreis ganz um das große Zelt herumreichte. Ab und an machten Neuigkeiten die Runde – die Politik der Wüste: wer Pferde verkauft hatte, wer Kamele besaß, wer bei einem Überfall getötet wurde, wie hoch das Blutgeld sein würde oder wo die nächste Schlacht.*

Sie hat noch keine Vorstellung davon, wie wertvoll ihre Kontakte und Informationen einmal sein werden, weiß aber schon vor der Heimreise: »Ich werde in Kürze wieder hier sein. Man kann vom Orient nicht mehr lassen, wenn man schon so weit vorgedrungen ist.«

Nachdem sie nach Europa zurückgekehrt ist, eröffnet ihr eine Begegnung in Paris neue Perspektiven: Der Archäologe und Kunsthistoriker Salomon Reinach ermutigt sie zu Recherchen über die Altertümer des Nahen Ostens. Er erteilt Gertrude einen Intensivkurs in Archäologie, schickt sie in Museen und Bibliotheken. Am Ende unterzieht er sie gar einer Art Examen – und beauftragt sie mit einigen Artikeln für seine Zeitschrift *Revue Archéologique*. Im Januar 1905 ist Gertrude wieder im Nahen Osten. Aus Beirut, das zu jener Zeit der syrischen Großprovinz des Osmanischen Reiches angehört, schreibt sie dem Vater:

> *Es tut so gut, wieder Arabisch zu sprechen. Ich dachte heute, als ich durch die Basare bummelte, was für eine Freude es ist, im Osten fast wie ein Teil davon zu leben, alles zu kennen, wie ich Syrien jetzt kenne, am Akzent*

und der Kleidung der Leute sagen zu können, wo sie herkommen, und im Vorübergehen die richtigen Begrüßungen auszutauschen.

Von Beirut aus will sie die Route über den Dschebel Druz nach Damaskus wiederaufnehmen.

Gott sei gepriesen! – ich glaube, ich bin den Behörden ein zweites Mal durch die Finger geschlüpft. Namud [ihr Führer] kennt meilenweit in der Umgebung jeden Scheich sämtlicher Beduinen, und wir hatten viele interessante Gespräche über sie.

Über Damaskus reist Gertrude weiter nach Kleinasien, gräbt die Ruinen romanischer und byzantinischer Kirchen aus, fotographiert die Fundstätten, kopiert Inschriften, vermisst Säulen. 1906 veröffentlicht sie ihren zweiten Reisebericht *Am Ende des Lavastromes. Durch die Wüsten und Kulturstätten Syriens.* Mit dem Erfolg des Buches und der Studie, die sie im Jahr darauf mit dem Archäologen William Ramsay veröffentlicht, setzt sie sich als Schriftstellerin und Archäologin durch. Die Archäologie wird ihre Leidenschaft. Sie besucht Kurse in Kartographie und Vermessungstechnik und unternimmt weitere Reisen in den Nahen Osten, dessen Zukunft ihr schon bald ebenso am Herzen liegt wie seine Vergangenheit:

Ich hoffe sehr, dass der Orient eines Tages wieder erstarkt und seine eigene Gesellschaftsform findet, anstatt unsere zu imitieren.

Unter den Stämmen erlangt die Wissenschaftlerin schnell einen hohen Bekanntheitsgrad, in den Augen der Araber ist »El Chatun« eine Respektsperson. Dennoch geht sie ein großes Wagnis ein, als sie im November 1913 in die Oasenfestung Hail im Innersten der Arabischen Halbinsel aufbricht, wo sich die Familien der Raschids und der Saudis bis aufs Blut bekriegen. Einem Jugendfreund, dem *Times*-Korrespondenten Valentine Chirol, offenbart sie, warum sie sich zu der gefährlichen Expedition entschlossen hat: »Ich möchte alle Verbindungen mit der Welt abbrechen…«

Die unnahbare, inzwischen 45-jährige Archäologin ist unglücklich verliebt – in Major Charles Doughty-Wylie, genannt Dick, den sie 1909 im türkischen Konya kennengelernt hat. Der Diplomat erwidert ihre Gefühle, aber er ist verheiratet, und eine Scheidung würde für ihn das berufliche und gesellschaftliche Aus bedeuten. Seine Begegnungen mit Gertrude sind selten und kurz, zwischen den beiden beginnt jedoch ein leidenschaftlicher Briefwechsel. Gertrude Bell hofft wider jede Vernunft, bis sie es nicht mehr erträgt und beschließt, auf Reisen zu gehen. Chirol schreibt sie:

Wenn Du wüsstest, welche Höllenqualen ich in den vergangenen Monaten erlitten habe. Ich möchte jetzt Abstand gewinnen, die Zeit tötet selbst die

heftigsten Gefühle. Unterwegs sein, Dämmerung, Sonne, Wind und Regen, das Lagerfeuer unter Sternen, schlafen und wieder weiterziehen – wenn das alles nicht hilft, dann weiß ich nicht weiter.

Um die Nefud-Wüste zu erreichen, in der Hail liegt, muss Gertrude erst andere Wüstengürtel durchqueren, an die sich dann weit im Süden die große Sandwüste anschließt. Während sie den Eltern vorgaukelt, das Land sei wunderschön und es gehe ihr gut, gesteht sie Chirol:

Ich habe zum ersten Mal Verlassenheit in der Einsamkeit gespürt. Wenn ich schlafen ging, war mir das Herz manchmal so schwer, dass ich glaubte, es nicht bis zum nächsten Tag durchzustehen. Dann kommt zart und wohltuend die Dämmerung, schmeichelt sich über das weite Land und am Ende auch in mein dunkles Herz hinein … Das ist das Beste, was ich finden kann: durch die Einsamkeit etwas Weisheit erfahren, lernen, mich zu fügen und den Schmerz zu ertragen, ohne laut zu schreien.

Wassermangel, die ständige Angst vor räuberischen Stämmen und die kräftezehrenden Ritte durchs Sandmeer der Nefud-Wüste bringen die erfahrene Reisende an ihre Grenzen:

Manchmal frage ich mich tatsächlich, ob ich aus diesem Abenteuer lebend herauskommen werde. Doch in dieser Frage liegt keine Spur von Ängstlichkeit – es ist mir gleichgültig.

Dennoch findet Gertrude mit der Zeit den Abstand, den sie sucht. Die mit der Reise verbundenen Probleme zwingen sie, sich auf die unmittelbare Gegenwart zu konzentrieren. In welche Richtung geht es weiter? Wo ist die nächste Wasserstelle? Berichten die Kundschafter von einem Lager, reitet sie hin, hält vor dem größten Zelt und betritt es im Vertrauen auf die arabische Gastfreundschaft. Meistens hat sie mit ihrem mutigen Vorgehen Erfolg – auch bei Muhammad Abu Tayyi, dem Scheich des gefürchteten Stammes der Howeitat:

Abends saßen wir in seinem großen Zelt – er ist ein mächtiger Mann –, und ich hörte die Geschichten und Lieder der Wüste ... Als es schon lange dunkel war, kamen die naga, die Mutterkamele, mit ihren Jungen und legten sich vor dem offenen Zelt in den Sand. Muhammad stand auf, ging mit einer großen Holzschale hinaus und brachte sie bis zum Rand voll mit Kamelmilch wieder. Ein köstliches Getränk. Ich glaube, wenn man am Lagerfeuer der Abu Tayyi die Milch der naga getrunken hat, dann ist das die Wüstentaufe, und danach gibt es kein Zurück mehr.

Während ihrer Reise legt sie Landkarten an, zeichnet Brunnen ein. Doch auf Dauer wirken die Monotonie und Stille der Wüste in Verbindung mit ihrem Kummer so niederdrückend, dass sie notiert: »Ich leide unter einem ernsten depressiven Anfall. Ich befürchte, dass ich am Ende feststellen muss, dass alles reine Zeitverschwendung war.«

Ende Februar trifft Gertrude endlich in Hail ein, aber bis in die abgelegene Wüstenstadt ist ihr Ruf noch nicht gedrungen. Die unverschleierte Lady ruft Unwillen hervor, die hohen Geistlichen verfügen, dass sie den Palast nicht verlassen darf. Neun lange Tage verbringt sie »in allen Ehren als Gefangene« der herrschenden Raschid-Familie, bis man sie gehen lässt. Zu ihrer Überraschung erlaubt man ihr vor der Abreise sogar, die Stadt zu besichtigen. Erwachsene Männer sind dort kaum zu sehen, offenbar wurden viele in der Fehde mit den Saudis getötet. »Am Lagerfeuer erzählte man sich nur Mordgeschichten«, schreibt Gertrude und prophezeit richtig: »Ich glaube, die Raschids gehen ihrem Ende entgegen. Ich würde sagen, dass die Zukunft bei Ibn Saud [späterer König von Saudi-Arabien] liegt.«

Vier Monate nach ihrer Rückkehr nach Bagdad bricht der Erste Weltkrieg aus. Damit bekommen Gertrude Bells Reiseerfahrungen eine ganz neue Bedeutung; plötzlich ist sie eine gefragte Person, mit deren Rat die europäischen Diplomaten die Taktik im Nahen Osten zu bestimmen versuchen. Sie empfiehlt Ibn Saud als Bundesgenossen, berichtet von der geringen Wertschätzung, die die Türken bei den Arabern genießen, und verweist auf die Möglichkeit einer arabischen Revolte gegen die osmanische Herrschaft.

Im Februar 1915 trifft sie in London für einige Tage mit Doughty-Wylie zusammen. Die Trennung hat weder an seinen noch an ihren Gefühlen etwas geändert. Anschließend schreibt sie ihm:

Dick, es ist nicht möglich, so zu leben. Wenn alles vorbei ist, musst Du Dich bekennen. Du musst es wagen ... Nimm diesen Brief und lege ihn in die Nähe Deines Herzens, damit seine Wahrheit in den langen Monaten des Krieges sich einen Weg zu Dir bahnen kann ... Und wenn Du stirbst, warte auf mich – ich habe keine Angst vor dieser letzten Reise; ich werde zu Dir kommen.

Im Mai erfährt sie, dass Doughty-Wylie beim Sturm auf die Dardanellen von einem Scharfschützen erschossen worden ist. Gertrudes

Kummer sitzt zu tief, als dass sie ihn jemandem mitteilen könnte. Erst drei Jahre nach Dicks Tod berichtet sie ihrem Vater von der »Traurigkeit, die immer im Hintergrund ist«.

Als sie im November 1915 vom Arab Bureau in Kairo, das die britische Nahostpolitik entwickeln soll, angeworben wird, ist sie froh, London zu verlassen. Viele Kollegen kennt sie bereits, unter ihnen der bald darauf unsterblich berühmte T.E. Lawrence, den sie schon 1911 bei Ausgrabungen getroffen hat, damals noch als unbedeutenden Spezialisten für mittelalterliche Töpferkunst.

In Kairo, Basra und Bagdad unterstützt sie mit ihren Kontakten und Informationen den von T.E. Lawrence organisierten Aufstand in der Wüste, den Unabhängigkeitskampf der Araber gegen die Osmanen. Im Oktober 1917 wird sie als »Commander of the British Empire« ausgezeichnet, nach dem Krieg verhindert sie als Diplomatin manche Kopflosigkeiten der Behörden, die mit willkürlich gezogenen Staatsgrenzen uralte Stammesgebiete durchtrennen wollen.

Ich glaube, ich werde mich nie mehr vom Schicksal dieses Landes loslösen können. Es ist wunderbar, diese Zuneigung und das Vertrauen eines ganzen Volkes um sich herum zu spüren.

In der Regel wird sie als »Mann ehrenhalber« behandelt, und das, obwohl sie »nichts von einer wettergegerbten Entdeckerin an sich hatte«, wie ein amerikanischer Journalist schreibt, der sie in Bagdad kennengelernt hat: »Sie war eine durch und durch englische Lady mit Pariser Schick.«

Einer ihrer arabischen Freunde meint: »Einer der Gründe, warum Sie so herausragen, ist der, dass Sie eine Frau sind. Es gibt nur eine Chatun. Deshalb werden sie noch hundert Jahre lang von der Chatun reden.«

In jedem Fall können nur wenige Europäer einen solchen Einblick in die Beziehungen zwischen den arabischen Stämmen, ihre Absichten und Rivalitäten gewinnen, und nur wenige haben solchen Einfluss auf hohe moslemische Würdenträger, wie es bei Gertrude Bell der Fall ist:

> *Ich stehe auf vertrautem Fuß mit ihnen, denn von diesen Leuten höre ich alle Neuigkeiten. Ich mag sie sehr. Sie kommen und gehen durch die Wildnis, als ob sie eine Hauptstraße wäre, und sie behandeln mich alle äußerst höflich, wie einen Kollegen, weil auch ich in Arkadien war. Wenn sie von Stämmen oder Scheichs oder Wasserstellen reden, brauche ich nicht zu fragen, wer und wo sie sind. Ich weiß es; und während sie sprechen, sehe ich den weiten arabischen Horizont vor mir.*

1921 nimmt Gertrude Bell als einzige Frau unter 40 Delegierten an der Konferenz in Kairo zur Festlegung der englischen

Nahostpolitik teil. Ein Foto aus der Zeit zeigt sie auf einem Reitkamel vor den Pyramiden von Gizeh zwischen T. E. Lawrence und Winston Churchill. Als »Orientsekretärin« ist sie maßgeblich an der Gründung des Staates Irak unter König Faisal, dem Sohn des Emirs von Mekka, beteiligt und schreibt voll Enthusiasmus nach Hause:

Lang lebe die arabische Regierung! Man übertrage ihnen Verantwortung und lasse sie ihre eigenen Angelegenheiten erledigen, und sie werden es immer noch tausendmal besser machen, als wir es können.

In den kommenden Jahren bleibt sie eine enge Ratgeberin des irakischen Königs, der sie zur Direktorin der Altertümer des Irak ernennt und mit der Gründung des Nationalmuseums beauftragt. Gesundheitlich geht es ihr jedoch immer schlechter. Die Ärzte raten ihr, nach England zurückzukehren, aber dort ist sie längst nicht mehr zu Hause.

Weißt Du, Vater, es ist beängstigend, wie der Orient sich um mein Herz schlingt, bis ich nicht mehr weiß, was ich und was er ist. Seine Schönheit und sein Liebreiz, die auch durch Vertrautheit nie abzustumpfen scheinen, sind mir immer deutlich bewusst. Ich bin mehr Bürgerin Bagdads als viele geborene Bagdader.

Dabei ist ihr klar, dass nie wieder so spannende Zeiten wie die letzten zehn Jahre kommen werden. Schon 1923 schreibt sie:

Es wird fürchterlich langweilig sein, wenn ich nach London zurückkehre und nicht mehr über alle Kabinettsberufungen konsultiert werde!

Und in einem ihrer letzten Briefe vom 2. Juli 1926 bekennt sie: »Abgesehen von der Museumsarbeit ist das Leben sehr öde«. Wie genau sie am 12. Juli, zwei Tage vor ihrem 58. Geburtstag, zu Tode kommt, wird wohl nie eindeutig geklärt werden. Offiziell ist sie »friedlich im Schlaf gestorben«, einige Familienmitglieder glauben an einen Unglücksfall, für andere steht außer Frage, dass es Suizid durch eine Überdosis Schlaftabletten war. Sie wird mit einem Staatsbegräbnis in Beirut beigesetzt. Auf Wunsch König Faisals erhält das Museum für Altertümer ihren Namen.

Faisal ist es auch, der Gertrude Bell das ihr wohl liebste Kompliment gemacht hat:

Faisal verwendet keine Ehrentitel: ›Enti – du‹ sagt er zu mir – es ist so erfrischend nach den endlosen ›Ehren‹ und ›Exzellenzen‹; ›Enti Irakija, enti badawija – du bist eine Frau aus Mesopotamien, eine Beduinenfrau‹.

G. L.

Eine maghrebinische Liebe

Isabelle Eberhardt
(1877–1904)

Schweizer Weltenbummlerin
und Schriftstellerin

Ihr Tod ist, wie ihr Leben immer war: spektakulär, tragisch, ungeheuerlich und, ja, zynisch auch. Denn sie ertrinkt – inmitten der Wüste. Am Morgen des 21. Oktober 1904 bricht über der algerischen Oasenstadt Ain-Sefra ein gewaltiges Unwetter aus und verwandelt das ausgetrocknete Flussbett des Oued-Sefra in einen sandgelben, alles vernichtenden Strom. Gegen die reißenden Wassermassen haben die einfachen, oft baufälligen Lehmhütten, die am Ufer des Wadis stehen, keine Chance. Sie werden fortgerissen und mit ihnen all die Unglücklichen, die es nicht rechtzeitig schaffen, in die höher gelegenen Stadtviertel zu fliehen. 20 Menschen sterben bei der Katastrophe. Die Schweizer Schriftstellerin Isabelle Eberhardt, gerade erst 27 Jahre alt, ist eine von ihnen. Erst Tage später wird sie aus Bergen von Schlamm und Geröll geborgen. General Hubert Lyautey, Leiter des Suchtrupps und ein Freund Isabelles, hält die Trauerrede und zeichnet dabei das Bild einer ebenso ungewöhnlichen wie faszinierenden Frau:

> *Wir haben uns gut verstanden, die arme Mahmoud und ich … Sie war das, was mich auf der Welt am meisten fasziniert: eine Außenseiterin. Was für ein Vergnügen, einem Menschen zu begegnen, der ganz er selbst ist, jenseits jeder Heuchelei, aller Vorurteile und Klischees, und der frei lebt wie ein Vogel. Ich habe ihr großartiges künstlerisches Talent sehr geschätzt und nicht minder ihre Fähigkeit, Staatsanwälte, Obergefreite und Oberlehrer jedweder Couleur das Fürchten zu lehren. Arme Mahmoud.*

Ja, arme Mahmoud. Arme Isabelle. Zeit ihres Lebens ist sie eine Außenseiterin, da hat der gute General schon recht. Sie nimmt sich Freiheiten wie nur wenige andere Frauen ihrer Zeit. Sie lässt sich auf Liebschaften ein, reitet allein durch die endlosen Weiten der Sahara, als Mann verkleidet und unter wechselnden Namen. Sie trinkt, raucht Kif, besucht Bars und Bordelle. Aber ist sie deshalb ein glücklicher Mensch? Genießt sie ihre selbstgeschaffenen Privilegien? Eher nicht. Im Grunde ihres Herzens sucht sie, wie wohl jeder von uns, nach Liebe und leidet darunter, zu nichts und niemandem zu gehören, jedenfalls nicht so, wie sie sich das wünscht,

und niemals für lange Zeit. Sehr selten, aber doch hin und wieder, gesteht sie das auch ein:

Für das Publikum setze ich die Maske des Ausschweifenden, des großspurig Unbekümmerten auf. Bis heute hat es niemand verstanden, diese Maske zu durchdringen und meine wahre Seele zu erkennen, diese feinfühlige Seele, die sich so hoch über jene Niedrigkeiten und Entwürdigungen erhebt, durch die ich mein physisches Dasein aus Verachtung gegenüber den Konventionen und auch aus einem eigentümlichen Bedürfnis nach Leiden schleppe.

Ihr mühsam aufrecht ertragenes Alleinsein, das sie in zahllosen Tagebucheinträgen beklagt, beginnt im Grunde schon mit ihrer Geburt am 17. Februar 1877: Isabelle ist das sechste, aber einzig uneheliche Kind von Nathalie de Moerder, einer russischen Adligen deutscher Herkunft, die ihren Mann, General Pawel Karlowitsch de Moerder, verlässt. Mit Alexandre Trophimowsky, einem ehemaligen russisch-orthodoxen Priester, der dem Anarchismus anhängt, zieht sie einige Jahre kreuz und quer durch Europa, bevor sie sich mit ihm und den Kindern in der Nähe von Meyrin niederlässt, einem kleinen Ort bei Genf. Isabelle, die den Mädchennamen ihrer Mutter trägt, erfährt nie, ob Trophimowsky ihr leiblicher Vater ist. Er jedenfalls bekennt sich nie zu ihr, und sie scheint es nie gewagt zu haben, ihn oder die Mutter direkt zu fragen. Kein Wunder, dass sie sich später manchmal in die Annahme flüchtet, sie sei das traurige Resultat einer Vergewaltigung ihrer kränklichen Mutter durch einen ihrer Ärzte.

Ihre Kindheit in der einsam gelegenen, von einem riesigen, verwilderten Park umgebenen Villa Neuve beschreibt Isabelle selten, doch die Versatzstücke, die in vielen ihrer Briefe auftauchen, lassen vermuten, dass sie alles andere als fröhlich und unbeschwert verlief. Von zahllosen Streitereien in der Familie ist die Rede, von der Abgrenzung gegenüber der biederen und bürgerlichen Schweizer Gesellschaft, von häufigen Besuchen russischer und türkischer Exilanten, die sonntags zum Tee kommen, während Spione der

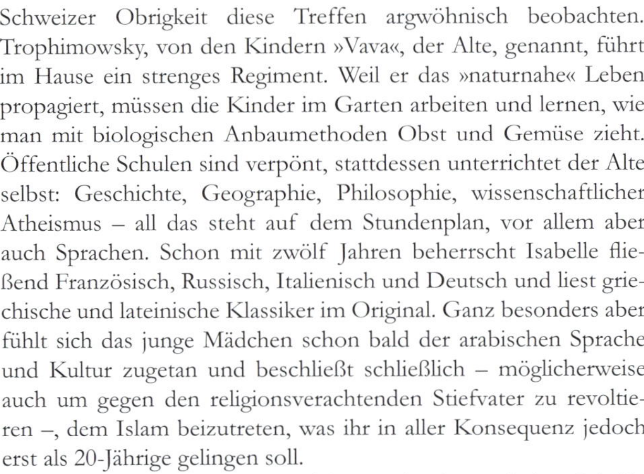

Schweizer Obrigkeit diese Treffen argwöhnisch beobachten. Trophimowsky, von den Kindern »Vava«, der Alte, genannt, führt im Hause ein strenges Regiment. Weil er das »naturnahe« Leben propagiert, müssen die Kinder im Garten arbeiten und lernen, wie man mit biologischen Anbaumethoden Obst und Gemüse zieht. Öffentliche Schulen sind verpönt, stattdessen unterrichtet der Alte selbst: Geschichte, Geographie, Philosophie, wissenschaftlicher Atheismus – all das steht auf dem Stundenplan, vor allem aber auch Sprachen. Schon mit zwölf Jahren beherrscht Isabelle fließend Französisch, Russisch, Italienisch und Deutsch und liest griechische und lateinische Klassiker im Original. Ganz besonders aber fühlt sich das junge Mädchen schon bald der arabischen Sprache und Kultur zugetan und beschließt schließlich – möglicherweise auch um gegen den religionsverachtenden Stiefvater zu revoltieren –, dem Islam beizutreten, was ihr in aller Konsequenz jedoch erst als 20-Jährige gelingen soll.

Fasziniert von den Orienterzählungen des französischen Schriftstellers Pierre Loti, beginnt Isabelle selbst zu schreiben und schafft es tatsächlich, unter dem Pseudonym Nicolas Podolinsky in der Pariser Zeitschrift *Nouvelle Revue Moderne* einige Erzählungen unterzubringen, darunter *Vision von Maghreb*, die Leidensgeschichte eines islamischen Märtyrers. Der Maghreb, der arabische Teil Afrikas, wird eine immer stärkere Sehnsucht der jungen Frau. Sie weiß nicht recht warum, aber ihr Herz drängt sie, dorthin zu reisen, und so ist es ein großes Glück für sie, dass ihre Mutter und der Stiefvater eines Tages beschließen, nach Algerien zu ziehen. Was der wirkliche Grund für den Umzug war, darüber sind die Biographen Isabelles heute uneins: Die meisten mutmaßen, dass die Ärzte der kränkelnden Nathalie einen Klimawechsel verordnet hatten, andere glauben, sie wollte ihrem Sohn Augustin, dem schwarzen Schaf der Familie, nahe sein, der in Algerien in der Fremdenlegion diente. Im Mai 1897 jedenfalls ist es soweit, Isabelle trifft endlich im Land ihrer Träume ein, betritt die »schillernde, geheimnisvolle Welt«. Gleichzeitig beginnt sie eine Korrespondenz mit einem jungen Tunesier namens Ali Abdul Wahab, der mit Begeisterung ihren Artikel *Vision von Maghreb* gelesen hat und sich deshalb um Kontakt zu ihr bemüht. Sie schreibt:

> *Ich bin sehr beschäftigt hier. Ich habe einen guten Arabischprofessor gefunden, der kein Wort Französisch versteht … Dieses Leben lohnt die Mühe, es zu beschreiben, wenn man bedenkt, dass es in nichts dem Leben gleicht, das junge Damen normalerweise führen. Ich werde Ihnen nur sagen, dass mich die Mohammedaner mit offenen Armen empfangen haben … Was mir hier zuwider ist, ist das unausstehliche Verhalten der Europäer gegenüber den Arabern, dem Volk, das ich liebe. Inch'Allah, wird dieses Volk meins werden. Ich bin seit einem Monat hier und beginne das algerische Arabisch zu sprechen und zu verstehen.*

Isabelle lebt mit ihrer Mutter – Trophimowsky ist in die Villa Neuve in die Schweiz zurückgekehrt – in der algerischen Hafenstadt Bône (heute Annaba) und lässt sich, während Nathalie zu Hause im Franzosenviertel andere Europäer empfängt, hineinfallen in die fremde orientalische Welt. Im langen weißen Burnus, dem traditionellen Männergewand, und mit kurz geschnittenem Haar, das sie unter einem Turban versteckt, streift sie durch die Gassen und Suks. Sie findet Freunde unter den einheimischen Studenten, erzählt ihnen wilde Phantasiegeschichten über ihre Herkunft, trinkt mit ihnen Absinth, raucht Haschisch und nimmt sich, wann immer ihr ein Mann gefällt, auch sexuell, was sie will. Dann aber verliebt sie sich ernsthaft und äußerst leidenschaftlich in ihren Arabischlehrer. Es wird eine verhängnisvolle Affäre, wie sie ihrem Brieffreund Wahad hinterher gesteht.

Was den hitzigen El Khoudja Abdallah betrifft, will ich ganz sicher nicht wieder zu der werden, die ich unglücklicherweise zwei Monate lang war: Sklavin dieses gewalttätigen und despotischen Mannes, der glaubt, dass eine Frau nur seinem Vergnügen dient und ihm gegenüber alle nur erdenklichen Aufgaben hat, ohne sich einzugestehen, dass auch er ihr gegenüber welche hätte.

Die unglückliche Liebe stürzt Isabelle in eine tiefe Depression; dazu kommt, dass sie und ihre Mutter aus dem gemieteten Haus im Franzosenviertel ausziehen müssen, weil sie mit dem Vermieter in Streit geraten sind. Die junge Frau fühlt sich ausgelaugt. Es überfordert sie, sich Wohnungen anzuschauen, mit einem Haufen langweiliger Leute zu sprechen, und das »idiotische Feilschen um ein paar Dirhams« geht ihr ebenfalls auf die Nerven:

Das alles hält mich von den drei wichtigsten Dingen in meinem Leben ab: denken, schreiben (und lesen) und auf einem guten Pferd im Trab die Ebene zu durchreiten, weit fort von den Menschen und unserem Zeitalter, inmitten jahrhundertealter Unbewegtheit, wo man in blühenden Asphodelien nur die Stimme des Windes in dieser arabischen Sprache hört, welche die schönste und die passendste ist, um diese religiöse Melancholie der afrikanischen Erde auszudrücken.

Am 28. November 1897 kurz vor 23 Uhr stirbt Isabelles Mutter an einer Rippenfellentzündung und wird, weil sie wie ihre Tochter zum Islam übergetreten ist, auf einem mohammedanischen Friedhof beigesetzt. Isabelle, die ahnt, dass ihre Zukunft »düster und ungewisser denn je« ist, kehrt, weil Nathalie ihr nichts hinterlassen hat, zurück in die Schweiz, zurück in die Villa Neuve zu ihrem Stiefvater, der inzwischen selbst sehr krank ist. Er leidet an Kehlkopfkrebs.

Und das ist mein afrikanisches Leben, dieser kurze Traum von sechs Monaten, dahingerafft, vereitelt, für immer zu Ende. Das war das Schicksal, dass

sie sich in der heiligen Erde zur Ruhe legte und dass ich nun aufs Neue in dieses düstere Haus verbannt bin, in dem ich so viel gelitten habe. Ich muss in der Nähe des Alten bleiben, dessen Leiden alles übersteigt.

Über ein Jahr bleibt Isabelle in der Schweiz, verdient ein wenig Geld mit literarischen Arbeiten und pflegt gemeinsam mit ihrem ebenfalls zurückgekehrten Bruder Augustin den schwerkranken »Vava«. Lange Zeit träumt sie davon, eine Koranschule für junge Mädchen zu eröffnen, ihnen Französisch, Arabisch und die Grundkenntnisse der mohammedanischen Geschichte beizubringen, das Ganze »gewiss im inbrünstigen islamischen Geist«. Dann wieder erwägt sie halbherzig, einen türkischen Botschaftssekretär zu heiraten, ein Gedanke, den sie aber sofort verwirft, als sie erfährt, dass dieser nach Den Haag versetzt werden soll.

Nach Trophimowskys Tod im Mai 1899 hält Isabelle nichts mehr in Genf. Sie reist nach Marseille und weiter nach Tunis, wo sie ihren Brieffreund Ali Abdul Wahab besucht – ein Aufenthalt, der mit Verstimmungen zwischen den beiden endet. Dann geht es weiter nach Algerien, in die Städte Constantine, Batna, Biskra, bis sie schließlich nach El-Oued gelangt, ins Herz der weißen Dünen, in das »herbe prachtvolle Land«, das Ziel all ihrer Sehnsucht:

Eine nie geahnte Vision dieses Landes ergriff Besitz von meinem irrenden, unsteten Wesen. Ich glaube, es gibt prädestinierte Stunden, höchst geheimnisvolle, privilegierte Augenblicke, in denen bestimmte Landschaften, bestimmte Städte uns ihre Seele in einer subtilen Intuition enthüllen, in denen wir plötzlich die richtige, einzige, unauslöschliche Sicht begreifen.

Einen Monat lang verbringt Isabelle als Mann verkleidet und unter dem Namen »Si Mahmoud Saadi« oder »Mahmoud Es-Saadi« in der Sahelwüste. Sie zieht rastlos umher und geht oft bis an ihre körperlichen Grenzen, was dazu führt, dass ihre Gesundheit immer stärker leidet. Dann wieder kehrt sie zurück ins »europäische Exil«, zum einen, um den Verkauf der Villa Neuve zu organisieren, zum anderen, um Kontakte für ihre literarische Arbeit wiederzubeleben. Da sie auch in den Pariser Salons in Männerkleidung auftritt, ist sie dort bald ein gern gesehener, weil exotischer Gast. Doch leider fehlt ihr die Diplomatie, um daraus wirklich Gewinn zu schlagen und sich ein paar vermögende Gönner zu sichern. Allerdings erhält sie von der Marquise von Mores einen abenteuerlichen Auftrag:

Isabelle soll in Algerien den Mörder ihres Mannes, der in Frankreich ein sehr umstrittener Politiker war, suchen. Der Vorschuss von 1500 Francs kommt Isabelle sehr gelegen. Sie finanziert damit ihre Rückkehr nach El-Oued – was ihren Auftrag betrifft, ist unbekannt, ob sie ihn je erfüllt hat.

Das Schicksal hat für Isabelle aber auch anderes vorgesehen, als Detektiv zu spielen: Ihre erste – und zugleich letzte – große und wirkliche Liebe beginnt, kurz nachdem sie im August 1900 in El-Oued eingetroffen ist. Slimène Ehnni, ein 24-jähriger Algerier mit französischem Pass, Feldwebel eines Einheimischen-Regiments im Dienst der französischen Kolonialherren, ist alles, was sich Isabelle je von einem Mann erträumt hat: »Liebhaber und Gefährte«, einer, der sie nimmt, wie sie ist – selbst mit ihrer zum Teil männlichen Identität.

Die beiden lassen sich in einem gemieteten Häuschen nieder – für die unstete Isabelle ein gewagtes Experiment – und denken über Heirat nach. Ihrem Bruder Augustin berichtet sie in einem Brief von ihrem neuen Leben:

Seit dem 2. August bin ich in El-Oued und ich weiß nicht, wann dieser Aufenthalt enden wird. Im Gegenteil, er kommt mir immer endgültiger vor … Wir haben hier das schönste arabische Haus gemietet … Wir haben es ganz behaglich, im Haus herrscht Friede, aufgrund schlichter Moral und absoluter Übereinstimmung der Charaktere. Mit seinem sanften, heiteren Naturell, seiner Abscheu vor Lärm, Ausgehen, Kabarett-Besuchen, seiner Liebe zum Haus, die er gegen alle äußeren Störungen verteidigt, ist Slimène der ideale Gatte für mich. Wir werden auch unser Verhältnis zu legalisieren versuchen, denn dann können wir für die sieben Dienstjahre, die Slimène noch verbleiben, hier leben.

Falls sie an eine ruhige Zukunft mit Happy End glaubt, ist Isabelle naiv. Tatsächlich gilt die Verbindung einer Europäerin mit einem Algerier als skandalös und wird von der herrschenden Bourgeoisie strengstens beobachtet. Zu unkonventionell, zu exzentrisch ist der Lebensstil der beiden. Man verdächtigt sie der Spionage, der geplanten Rebellion, spätestens dann, als das unstandesgemäße Paar auch noch der Qadriya beitritt, einer geheimen Moslembruderschaft, die eigentlich nur Männern offensteht. Bei einem Treffen mit einem Oberhaupt der Vereinigung wird auf Isabelle ein Attentat ausgeübt, bei dem sie schwer verletzt wird. Der Aggressor, ein Anhänger konkurrierender Moslems, wird beim Prozess im Juni 1901 zu zehn Jahren Zwangsarbeit verurteilt, sein Opfer Isabelle gleichzeitig als »unerwünschte Ausländerin« aus Algerien ausgewiesen. Sie findet Unterschlupf bei ihrem Bruder Augustin, der inzwischen in Marseille verheiratet ist, doch die Geschwister kommen immer schlechter miteinander aus – der endgültige Bruch ist nur noch eine Frage der Zeit. Im Oktober, nach langem Sehnen und vielen verzweifelten Briefen, kommt endlich auch Slimène nach

Marseille. Das Paar heiratet, und aus diesem Anlass trägt Isabelle zum ersten Mal seit vielen Jahren ein Kleid.

Während ihr Ehemann schon bald wieder zu seinem Regiment zurückkehrt, muss Isabelle noch in Frankreich ausharren. Durch die Hochzeit hat sie zwar die französische Staatsangehörigkeit erworben und damit das Recht, wieder nach Algerien einzureisen, doch bis alle nötigen Papiere eintreffen und sie den Postdampfer *Duc de Bragance* besteigt, wird es Januar 1902.

Wird nun endlich alles gut? Zunächst sieht es so aus. Zwar hat das frisch vermählte Paar kein Geld, lebt zunächst bei Slimènes Familie in Bône – was auch im Zwist endet –, später dann in billigen Hotelabsteigen, doch legt Slimène, der inzwischen den Militärdienst quittiert hat, auf Betreiben Isabelles eine Dolmetscherprüfung ab und findet tatsächlich eine Anstellung in Ténès bei der Kolonialverwaltung. Auch Isabelle scheint endlich Erfolg beschieden zu sein. Sie lernt den liberalen französischen Journalisten Victor Barrucand kennen, der in Algier mit seiner Zeitschrift *Les Nouvelles* die Kolonialherren ärgert, indem er sich für Reformen ausspricht, und der Isabelles Reisereportagen und Kurzgeschichten abdruckt, die sie bald im gesamten Maghreb bekannt machen.

Ihr beginnender Ruhm allerdings ist nicht wenigen ein Dorn im Auge. Wieder einmal wird sie wegen »frankreichfeindlicher Äußerungen« attackiert, verdächtigt, die Einheimischen gegen das Kolonialregime aufzuwiegeln, und verschiedenster Perversitäten und Verbrechen bezichtigt. Eine regelrechte Hexenjagd beginnt. Slimène ist ihr dabei keine Stütze mehr, die Leidenschaft längst abgekühlt. Isabelle weiß nur einen Ausweg: Sie flüchtet in ihre geliebte Wüste. Da kommt ihr wieder einmal ihr Freund Barrucand zur Hilfe: Er schickt sie für seine Wochenzeitschrift *Akhbar* als Kriegsreporterin nach Ain-Sefra an die marokkanische Grenze, wo französische Truppen unter General Lyautey Berberstämme bekämpfen. Der General freundet sich mit Isabelle an und lässt sie, als Moslempilger getarnt, ungehindert reisen. So kann sie viele weitere Reportagen veröffentlichen. Über die Oasenstadt Ain-Sefra schreibt sie:

Bei meinem letzten Besuch war mir die Stadt langweilig erschienen, weil der Zauber des Lichts, der strahlende Glanz gefehlt hatte, der den ganzen Reichtum afrikanischer Städte ausmacht. Und jetzt, seit ich hier in einer kleinen provisorischen Unterkunft lebe, schließe ich diese Stadt ins Herz. Wie sehr liebe ich doch das satte Grün und die lebenden, von runzliger Elefantenhaut überzogenen Stämme der von bitterer Milch angeschwollenen Feigenbäume, in deren Schatten Schwärme goldschimmernder Mücken summen. Ich habe lange Stunden in diesem Garten, den ich mitten in der Wüste entdeckt habe, auf dem Rücken gelegen und das Gewirr der Äste betrachtet, die sich im Wind wiegen wie das Tauwerk eines sanft schaukelnden Schiffes, und mich regungslos träumend den Liebkosungen der milden Brise hingegeben.

Sicher, zu solch verträumten Betrachtungen kommt die Schriftstellerin nur selten. General Lyautey hat schließlich andere, nicht ganz uneigennützige Pläne mit ihr: Er nutzt Isabelles Kenntnisse von Land und Leuten und schickt sie schließlich im Frühjahr 1904 auf geheime Mission, um mit dem rebellischen Scheich Sidi Brahim zu verhandeln.

Über den Ausgang ihrer diplomatischen Bemühungen ist nichts bekannt, nur, dass Isabelle einige Wochen im Kloster der Festungsstadt Kenadsa verbringt – als Gast des Scheichs, allerdings mit beschränkten Rechten. Weil sie algerische Tracht trägt, darf sie sich hier, wo die Grenzen zu Marokko nicht eindeutig festliegen, nicht frei bewegen. Erst als Mahmoud, Isabelle, das weiße Gewand der Marokkaner anlegt, sind ihr Streifzüge in die Umgebung erlaubt. Isabelle aber ist langsam müde. Ihr ausschweifender Lebensstil, das rastlose Umherziehen, die vielen Anfeindungen und Schicksalsschläge und schließlich auch ihr jahrelanges einsames Kämpfen für ein selbstbestimmtes Leben haben ihr schwer zugesetzt. Noch dazu leidet sie an Malaria, Tuberkulose und wahrscheinlich auch an der Syphilis. Ihre Beine sind geschwollen, die Zähne ausgefallen, das Haar bis auf ein paar Stoppeln abrasiert, Alkohol und Drogen haben ihr Gesicht gezeichnet, sie sieht aus wie eine Greisin und ist noch nicht einmal 30 Jahre alt.

Ende des Sommers ist ihr Zustand derart miserabel, dass sie sich zurück nach Ain-Sefra schleppt und sich dort ins Militärhospital einweisen lässt. Sobald sie wieder etwas hergestellt ist und auf wackligen Beinen die ersten Schritte unternehmen kann, telegraphiert sie nach Slimène und verlässt am 20. Oktober trotz erheblichen Widerspruchs der Ärzte das Krankenhaus. In einer baufälligen Lehmhütte in der Unterstadt trifft sich Isabelle mit ihrem Mann, den sie acht Monate nicht mehr gesehen hat. In den frühen Morgenstunden des nächsten Tages bricht ein gewaltiges Unwetter über die Wüstenstadt herein. Und nur Slimène entkommt den reißenden Wassermassen.

G. U.

Unser herzlicher Dank gilt unserer famosen Lektorin Dr. Hanna Stegbauer, die uns durch alle Höhen und Tiefen begleitet hat, und unserer Grafikerin Heike Murolo, die das Buch so wunderbar gestaltet hat.

Besonders bedanken wir uns auch bei unserer Kollegin Gaby Ullmann, die uns mit Kate Marsden und Isabelle Eberhardt nicht nur zwei herausragende Reisende ans Herz gelegt, sondern diese auch gleich großartig porträtiert hat.

Gaby Ullmann, geboren 1964, arbeitet als freie Journalistin und Buchautorin für verschiedene Zeitschriften und Verlage. Sie lebt mit ihrer Tochter und zwei Katzen in München.

Bildnachweis:

Frauenporträts:
S. 90 © Lenos Verlag, Basel
S. 146 © New University of Newcastle

Alle anderen Bilder: © Fotolia

Der Verlag dankt den Inhabern der Rechte für die Genehmigung zum Abdruck der Bilder. In wenigen Fällen waren die Inhaber der Rechte leider nicht zu ermitteln. Rechtsansprüche bleiben jedoch gewahrt.

Literaturliste

Elisa von der Recke

- Tagebücher und Selbstzeugnisse. Koehler & Amelang, Leipzig 1984

Irmela Körner: Frauenreisen nach Italien. Promedia, Wien 2005

Lady Hester Stanhope

- Memoirs of the Lady Hester Stanhope. As Related by Herself in Conversations with Her Physician. H. Colburn, London 1846

Joan Haslip / Helen von Ssachno: Lady Hester Stanhope. Universitas Verlag, Berlin 1953

Marie Seurat: Mein Königreich des Windes. Fischer, Frankfurt 2000

Ida Pfeiffer

- Reise einer Wienerin in das Heilige Land. Steingrüben, Stuttgart 1969
- Nordlandfahrt. Eine Reise nach Skandinavien und Island im Jahre 1845. Promedia, Wien 1991
- Eine Frau fährt um die Welt. Promedia, Wien 1992
- Abenteuer Inselwelt. Die Reise 1851 durch Borneo, Sumatra und Java. Promedia, Wien 1993
- Reise in die neue Welt. Promedia, Wien 1994
- Verschwörung im Regenwald. Lenos Verlag, Basel 1999

Eka Donner: Und nirgends eine Karawane. Die Weltreisen der Ida Pfeiffer. Droste Verlag, Düsseldorf 1997

Ida Gräfin von Hahn-Hahn

- Orientalische Briefe. Promedia, Wien 1991

Beate Borowka-Clausberg (Hg.): Unterwegs zum Orient. Ida Gräfin Hahn-Hahns Schlesienfahrt 1843. Bergstadt, Würzburg 2007

Lise Cristiani

- Voyage dans la Sibérie orientale. Notes extraites de la correspondance d'une artiste (Mlle Lise Cristiani) 1849-1853. In: Le Tour du Monde IX, 1863. Auszüge übersetzt von Jutta Busch-Link

Amelia Edwards

- A Thousand Miles Up the Nile. Longmans, Green & Co., London 1877

Isabella Lucy Bird Bishop
- Der goldene Chersones. Hirt, Leipzig 1884
- Eine Lady in den Rocky Mountains. Ullstein Tb, Berlin 1989
- Unbetretene Pfade in Japan. Promedia, Wien 1990

Anna M. Stoddard: The Life of Isabella Bird. John Murray, London 1906

Alexandrine Tinne

Antje Köhlerschmidt: Alexandrine Tinné (1835-1869). Afrikareisende des 19. Jahrhunderts. Zur Geschichte des Reisens. Diss., Magdeburg 1993

Wilfried Westphal: Tochter des Sultans. Die Reisen der Alexandrine Tinne. Thorbecke, Stuttgart 2002

May French Sheldon
- Bibi Bwana. Weisse Königin des Kilimandscharo. Lenos Verlag, Basel 2006

Lina Bögli
- Talofa. In zehn Jahren um die Welt. Lenos Verlag, Basel 2006

Kate Marsden
- On Sledge and Horseback to Outcast Siberan Lepers. Adamant Media Corporation, 2005
- Riding Through Siberia. Long Riders' Guild Press, 2005

Daisy Bates
- The Passing of the Aborigines. John Murray, London 1947

Julia Blackburn: Daisy Bates in der Wüste. Berlin Verlag, Berlin 1995

Mary Kingsley
- Die grünen Mauern meiner Flüsse. Dtv, München 1992

Alexandra David-Néel
- Mein Weg durch Himmel und Höllen. Scherz, München 1986
- Mein Indien. Droemer/Knaur, München 2004
- Im Banne der Mysterien. Nymphenburger, München 2005
- Magier und Heilige in Tibet. Goldmann, München 2008

Marie-Madelaine Peyronnet: Alexandra David-Néel. Nymphenburger, München 2003

Gertrude Bell

- Am Ende des Lavastromes. Durch die Wüsten und Kulturstätten Syriens. Promedia, Wien 1991
- Ich war eine Tochter Arabiens. Scherz, München 1993
- Miniaturen aus dem Morgenland. Promedia, Wien 1997

Isabelle Eberhardt

- In the Shadow of Islam. Peter Owen Ltd, London 2003
- Sandmeere 1. Tagwerke. Im heißen Schatten des Islam. Rowohlt Tb, Reinbek bei Hamburg 2004
- Sandmeere 2. Notizen von unterwegs. Vergessenssucher. Islamische Blätter. Rowohlt Tb, Reinbek bei Hamburg 2005

Catherine Sauvat / Jean-Luc Manaud: Isabelle Eberhardt. Abenteuer in der Wüste. Gerstenberg, Hildesheim 2004
Herrera Eglal (Hg): Isabelle Eberhardt. Briefe, Tagebuchblätter, Prosa. Lenos Verlag, Basel 2002

Allgemein

Susanne Härtel / Magdalena Köster (Hg.): Die Reisen der Frauen. Beltz, Weinheim 1994
Christel Mouchard: Es drängte sie, die Welt zu sehen. Reisende Frauen im 19. Jahrhundert. Unionsverlag, Zürich 1990
Julia Keay: Mehr Mut als Kleider im Gepäck. Frauen reisen im 19. Jahrhundert durch die Welt. Sierra Tb, München 2000
Milbry Polk / Mary Tiegreen: Frauen erkunden die Welt. Entdecken, forschen, berichten. Frederking & Thaler, München 2001
Barbara Hodgson: Die Krinoline bleibt in Kairo. Reisende Frauen 1650 bis 1990. Gerstenberg, Hildesheim 2004
Barbara Hodgson: Die Wüste atmet Freiheit. Reisende Frauen im Orient 1717 bis 1930. Gerstenberg, Hildesheim 2006
Ursel Bäumer: Wenn ich so denke, die Welt. Literarische Porträts historischer Frauen. Geest, Vechta-Langförden 2007